« Ce dont le romancier semble le plus maître : corriger, rejoint ce qu'il fait de plus délirant : établir avec ses fictions une relation continue (définition éventuelle de la folie). Presque toutes les analyses des romans sont d'ordre esthétique : écriture, composition, récit, supériorité ou infériorité des arabesques de La Princesse de Clèves *sur le bloc des* Illusions perdues, *etc.* [...]. *Les épreuves de Balzac sont plus instructives qu'aucun exposé ; et elles dévoilent ce qui les a précédées, le jeu de la création depuis la première ligne du manuscrit. L'écriture, la typographie disent à Balzac (son imagination ne le lui avait pas dit) qu'entre tels paragraphes, un événement s'est produit, une analyse est nécessaire : béquets. Qu'il peut supprimer tel passage – et il connaît la vigueur de l'ellipse : suppression. Les adjonctions vont jusqu'à introduire de nouveaux personnages. Quand le lecteur dit que l'auteur corrige, il entend qu'il perfectionne, purifie. L'opération initiale, toute différente, repose sur ce que sa rêverie écrite n'est plus celle à laquelle il s'abandonnait.* [...]*; les corrections de style viendront plus tard. Mais une navette va de son imagination fixée, à son imagination disponible, et c'est elle qui nous permet de comprendre l'imaginaire écrit, matière première du romancier. »*

André MALRAUX, *L'Homme précaire et la littérature*, chap. IX : « Professions délirantes » (Paris, Gallimard, 1977), pp. 178-9.

Albert Beuret, l'exécuteur testamentaire de Malraux, a bien voulu m'autoriser à citer de nombreux extraits du manuscrit de La Condition humaine *et à faire état de lettres inédites en dépôt à la Bibliothèque littéraire Jacques Doucet.*

Walter G. Langlois m'a permis de prendre en compte une partie des épreuves de l'édition originale du roman.

La Bibliothèque Nationale m'a autorisée à reproduire le cliché d'une page du manuscrit en sa possession.

Qu'ils en soient ici remerciés.

Dans l'étude des différents états du texte :

– pour les citations courantes à référence simple le sigle utilisé indique que la citation existe sous cette forme dans le manuscrit (Ms), ou dans la pré-originale (*NRF*), ou dans l'originale (Or), ou dans le texte de la « Bibliothèque de la Pléiade » (R).

– pour les citations à séquence comparative une double référence indique :

fragment cité d'après le manuscrit, ne figurera plus dans l'originale	**Ms>Or**
fragment cité d'après l'originale, ne figurait pas dans le manuscrit	**Or>Ms**
deux formes distinctes du même texte existent selon l'état	**Ms/Or**

| | — **les barres simples délimitent le segment objet de l'écart**

– pour les descriptions hors texte d'un état de manuscrit :

|*italique*|	**indique les éléments biffés sur le manuscrit (l'ensemble des éléments en romain restitue la dernière forme d'un état)**
+| |	**indique les ajouts de tous ordres**
‖ ‖	**les barres doubles délimitent un second segment décrit à l'intérieur du premier**

INTRODUCTION

MALRAUX met en chantier *La Condition humaine* en 1931. Approchant de la trentaine, l'écrivain jouit déjà dans les milieux littéraires français d'une solide réputation et bénéficie d'une large audience. Comme ouvrage de quelque ampleur, il a publié chez Grasset un essai sous forme de roman épistolaire, *La Tentation de l'Occident* (1926) et deux romans, *Les Conquérants* (1928), *La Voie royale* (1930) dans la collection des « Cahiers verts » dirigée par Daniel Halévy qui y édita des textes courts, souvent dus à des auteurs débutants[1]. La rumeur publique avait, pour son second roman, parlé du Goncourt, il obtint le Prix Interallié. Mais tout autant que sur ses œuvres pour lesquelles il avait signé avec Bernard Grasset un contrat fort avantageux avant même d'en avoir écrit une ligne[2], sa notoriété repose sur sa personnalité, sur sa réputation de brillant causeur qui séduit ou irrite, mais toujours fascine tous ceux qui l'approchent dans les cercles littéraires parisiens ou dans les salles de rédaction des diverses revues auxquelles il collabore de manière plus ou moins régulière. Ce jugement d'un contemporain, Maurice Sachs, donne assez bien le ton ; en 1926, on accorde au jeune Malraux le bénéfice du génie avant même qu'il ait eu le temps de faire ses preuves :

Il y a quelques écrivains [...] dont les gens avertis commencent à parler, comme Malraux, Julien Green, Marcel Jouhandeau et Georges Bernanos. J'ai rencontré André Malraux. Il produit la plus vive impression. Il a dans le regard un air d'aventure, de décision et de mélancolie irrésistibles, un fort beau profil d'homme de la Renaissance italienne, une apparence très française au demeurant ; il tient du jeune officier, du dilettante et du poète romantique, parle très vite, très bien, a l'air de tout savoir, éblouit à coup sûr et vous laisse sur l'impression d'avoir rencontré « l'homme le plus intelligent du siècle ».[3]

Mais après *La Voie royale* l'écrivain cesse d'être une promesse pour entrer dans la phase de plénitude et de maturité. Son engagement avec Grasset (contracté en 1925 pour trois livres) s'achevant lui laisse la possibilité de quitter cette maison – apparemment sans problème – pour rejoindre la brillante écurie du plus grand éditeur parisien, Gaston Gallimard[4]. Celui-ci, comme le remarque Jean Lacouture, était le seul à avoir, autour de Gide, Valéry, Paulhan, «*une esthétique, un état-major, des structures*» et à proposer à ses auteurs «*un style de vie et un style tout court*» (p. 138[5]). Malraux y a depuis longtemps ses entrées puisqu'il publie assez régulièrement depuis 1922 des articles et des comptes rendus dans *La Nouvelle Revue française*, revue de la maison, et qu'il fait partie du comité de lecture depuis 1928. Mais cette fois il y est engagé comme Directeur artistique et consacre à cette activité d'éditeur une grande partie de son temps, installé rue du Bac, à quelques pas de la maison Gallimard. Le premier roman que Malraux y publie en mai 1933, *La Condition humaine*, obtient le 1er décembre le Prix Goncourt à l'unanimité et connaît rapidement un succès mondial. Traduit dans toutes les langues, il représente l'un des plus forts tirages de l'éditeur. Le jury, en lui décernant ce prix, prétendait ne pas couronner ce livre mais l'ensemble des trois romans « asiatiques » de Malraux. Toutefois le dernier était aux *Conquérants* ce qu'est une vaste fresque à un portrait en pied. *Les Conquérants* rapportait un épisode de la Révolution chinoise, mais le mode du récit en faisait l'aventure d'un homme contée par un ami ; celle-ci restait de l'ordre de l'expérience personnelle, même si le héros était plongé dans l'Histoire et contribuait à la forger ; le style n'avait encore ni le lyrisme ni l'éclat de celui des romans suivants. La mélodie de la nuit, du cosmos, de la mort et de la fraternité entre humains commençait à poindre dans *La Voie royale* où l'auteur transposait les péripéties d'une aventure personnelle dans un récit à deux protagonistes. Le troisième roman change totalement de dimension. À travers la vie d'un groupe s'esquisse l'affrontement des idéologies qui dominent le monde moderne. Les registres en sont larges et variés.

L'étude de son élaboration permet de mettre en évidence la manière dont s'est opérée cette mutation vers plus d'ampleur et de lyrisme en cours d'écriture pour aboutir à ce roman qui restera assurément, avec *L'Espoir*, un des grands « classiques » du XXe siècle.

Avec Malraux point de carnets, de journal ou de confidences à la manière d'un Giono, d'un Gide... Il s'emploie plutôt à brouiller les cartes et à faire disparaître toute trace d'effort. Rien de surprenant dans ce souci de cacher les tribulations et les vicissitudes de la genèse d'une œuvre, chez cet homme de rêve, à la fois quelque peu sorcier et dandy parisien amateur d'élégance : l'illusionniste préfère nous présenter son tour tout à fait au point.

Ce romancier s'est toujours défendu d'être homme de lettres et, affiche dès ses débuts une «*indifférence foncière à l'égard de ce que* [*l*]*es bonnes gens appellent "l'art du roman"* », manifestement désireux de se ranger parmi «*les gens qui ont quelque chose à exprimer, et qui ne font jamais des chefs-d'œuvre* [...] *parce qu'on ne domine pas une passion qui attaque le monde*»[6]. On pourrait s'attendre, en consultant des documents autographes, à des feuillets couverts à la hâte, à peine raturés, où la plume semblerait courir derrière l'idée. Or on découvre que la première édition de *La Condition humaine* est l'aboutissement d'un énorme travail d'additions, de repentirs, de ratures.

Ce roman est d'ailleurs le seul dont le manuscrit complet soit à la disposition des chercheurs ; les autres demeurent inaccessibles, encore entre les mains de l'exécuteur testamentaire Albert Beuret et de l'éditeur Gallimard, ou détenus par divers collectionneurs qui possèdent de par le monde, l'un quelques pages des *Conquérants*, l'autre une partie des épreuves de *La Condition humaine*, de *L'Espoir*... Outre le prix qu'on attache habituellement à ces documents autographes, dans le cas de Malraux ceux-ci ont pris très vite et du vivant de l'auteur une valeur marchande assez considérable gonflée par la dimension politique de l'homme. Malraux a contribué à les éparpiller aux quatre vents, faisant don à des amis, à des chercheurs intéressés par son œuvre, de quelques bribes de ces précieux documents !

De leur côté, les commentateurs n'ont guère eu de curiosité dans ce domaine. À notre connaissance, les seules prises en compte, à ce jour, du manuscrit de *La Condition humaine* se trouvent dans un intéressant article de François Trécourt, paru en 1981 et dans notre thèse soutenue en 1979[7].

La singularité et le prix de ce manuscrit sont accrédités par l'auteur lui-même, qui avant d'être un écrivain s'est montré dès l'adolescence un chineur de grand talent, sachant efficacement monnayer son flair et sa science du livre rare ; sa collaboration aux éditions Gallimard pendant de nombreuses années devait en faire un expert en la matière[8]. Devenu écrivain célèbre, Malraux manifeste à l'égard de ses propres publications le comportement du bibliophile averti, tirant également parti de son expérience passée d'éditeur de textes rares, d'ouvrages d'art. Il veillera à la publication de ses œuvres dans des collections Clubs soignées, illustrées par des artistes choisis, en tirage limité, cela jusqu'à la fin de sa vie.

C'est à son expérience du livre en tant que valeur que nous

devons très probablement cette lettre sur papier à en-tête de la *NRF*, mise en quelque sorte en préface au manuscrit ; on peut y lire, écrit de la main de Malraux :

Ce manuscrit, le seul de *La Condition humaine*, a été écrit en Chine, au Japon, aux États-Unis, à Paris, à Peira Cava, à Paris, de septembre 1931 à mai 1933 (les derniers chapitres alors que les premiers paraissaient dans la *NRF*.)
La C.H. est, à l'heure actuelle – 11 décembre 1933 – celui de mes ouvrages auquel je tiens le plus.

Si l'on croit à l'exactitude de ces informations, Malraux aurait écrit cela quelques mois à peine après la sortie du roman en juin 1933, quelques jours après que l'auteur eut remporté, grâce à lui, le Goncourt. Cette lettre a dû être écrite à la demande de l'éditeur. Mais l'examen attentif de cet important texte autographe prouve qu'il n'est pas, à proprement parler, le manuscrit de *La Condition humaine*, c'est-à-dire l'ultime étape des brouillons, l'œuvre achevée et prête pour l'impression. Il est trop éloigné de l'édition originale pour qu'il n'y ait pas eu au moins une étape intermédiaire, et nous verrons qu'il y en a eu plusieurs. Ces dernières ont probablement pris la forme d'une dactylographie, puis d'épreuves corrigées, ce qui justifie l'emploi du terme de « *seul* » manuscrit employé par Malraux pour le désigner.

En fait il s'agit plutôt de brouillons très avancés. Tel quel, cet état de l'ouvrage est beaucoup plus éclairant pour en étudier la genèse que l'ultime état précédant l'impression. Sa comparaison avec l'édition originale permet de remonter plus haut dans les tâtonnements, de suivre le labeur de l'artisan en train de mettre au jour son texte dont il cherche l'orientation, remplaçant, transformant, biffant pour redire autrement, à la poursuite de l'élégance de la forme, de la netteté d'un tracé.

Ces corrections, substitutions, ratures, béquets en marge, considérées isolément, semblent arbitraires ; mais la cohérence de ces retouches en fonction de certaines exigences donne peu à peu à un ensemble de modifications simultanées ou successives une forme de nécessité, dessine une évolution significative qui éclaire la genèse de l'œuvre, révèle le rôle de certains facteurs psychologiques ou d'environnement, d'une manière trop constante pour relever de la simple appréciation subjective du commentateur.

L'analyse de cet état que nous appellerons, par commodité, « le manuscrit » confirme un certain nombre d'hypothèses concernant la technique romanesque propre à Malraux, que nous avions faites à partir de l'étude des six romans publiés par l'auteur et de l'examen des versions préoriginales parues en revue, des *Conquérants* et de *L'Espoir*. Le cheminement de ce seul manuscrit éclaire l'ensemble de sa création, microcosme qui dévoile une lancée et un tempérament particulier d'artiste. Bien que la lucidité et l'intelligence soient les caractéristiques non contestées de l'homme, on notera à quel point cette œuvre n'est pas née d'un projet défini à l'avance, d'un sens préalable, d'une structure prévue. L'auteur n'a trouvé qu'en cours de rédaction la finalité de son discours ; la pensée qui « se cherche » n'a découvert qu'en fin de parcours ce qu'elle a finalement et globalement réussi à exprimer dans le texte offert au lecteur. Suivre ainsi ces transformations matérielles du texte, l'élaboration d'une signification à travers l'écriture permet une nouvelle lecture de l'œuvre en son état d'achèvement, et une meilleure compréhension des intentions de l'auteur.

I

LE MANUSCRIT

descriptif

LE manuscrit de *La Condition humaine* évoque, dans sa matérialité même, la personnalité de son auteur : il se place sous le signe du faste et du symbole. La reliure exécutée par Paul Bonet[9] frappe par sa magnificence : box noir, orné de dorure incrustée sur les plats représentant le somptueux emblème du communisme chinois avec, au centre, un cercle d'ivoire, et en surimpression sur le premier plat la faucille et le marteau également dessinés au fil d'or; pages de garde en box rouge feu, tranches dorées. Épais, massif, ce livre-objet prend des allures d'objet de culte!

Autant qu'on peut le suivre dans son parcours, ce manuscrit a été la propriété d'illustres bibliophiles. Vendu directement par l'éditeur Gaston Gallimard au Bruxellois René Gaffé, peu de temps après la publication du roman, il demeura plus d'un quart de siècle la propriété de ce grand collectionneur d'ouvrages surréalistes, qui le fit relier par Paul Bonet, avec l'ensemble des ouvrages de sa bibliothèque[10]. Cette dernière fut mise en vente aux enchères à l'Hôtel Drouot en avril 1956; le manuscrit en question, pièce maîtresse de cette vente, fut adjugé pour la somme de trois millions vingt mille anciens francs à un bibliophile français, très probablement G. de Berny, dont les armes figurent sur un écusson collé en page de garde. Ensuite racheté par un proche collaborateur du général de Gaulle, il fut offert à celui-ci qui l'a légué à la Bibliothèque Nationale.

En première page, une photographie des mains, fort belles, de l'auteur, exécutée par Germaine Krull. Insérés à la fin du volume, quelques clichés d'actualité chinoise mettent l'accent sur la violence et l'incroyable cruauté des combats réels qui constituent le fond historique de ce roman. Traités en montage avec le titre, *La Condition humaine*, ils ont servi au lancement de l'ouvrage en librairie et en soulignent l'aspect documentaire.

Les 420 feuillets de grand format en papier vélin, foliotés par composteur mécanique[11], constituent le support d'un montage de 442 feuilles manuscrites rédigées au recto seulement sur des papiers divers, de format moindre. Ces dernières comportent une pagination, portée au crayon par la main de l'auteur. Continue dans son ensemble et relativement peu éloignée du foliotage du relieur, cette numérotation manuscrite aboutit toutefois à un écart de 22 unités à la fin du roman, dû au mode de travail habituel à l'auteur. En effet Malraux a toujours travaillé à l'aide de la colle et des ciseaux : le texte manuscrit ne se présente pas sous forme de pages pleines ; il est le plus souvent constitué de bandes de papiers de différentes sortes, collées directement sur le support.

Enfin une troisième numérotation, autographe elle aussi mais sporadique et le plus souvent de la même encre que le texte, délimite quelques importantes unités rédactionnelles.

Certaines pages de texte sont établies à l'aide parfois de neuf, dix et même quatorze collages de deux ou trois sortes de papier, d'écriture, de couleur d'encre...[12] *. Ces collages sont plus nombreux dans la deuxième moitié du manuscrit. La plupart ont été exécutés par l'auteur, mais certains, fixés directement sur le support de papier vélin du relieur, ont dû être placés en fonction de directives données par l'écrivain, ce qui n'a pas empêché parfois

*voir *infra* reproduction pp. 14-5

des flottements dans l'exécution, comme le prouvent certains arrangements manifestement défectueux. Ainsi la coupure entre les deux dernières Parties a été mal faite : la Septième présente une ouverture qui appartient de toute évidence à la fin de la Sixième, comme la courte séquence très travaillée où l'on voit Gisors et May en présence du cadavre de Kyo, le père jetant à la fin sa pipe d'opium dans la nuit (Ms, 408-10). Quant au dernier collage placé à la fin du roman (420) il est hors situation et se rattache en fait à une scène située quelque dix pages plus haut. Ces montages arbitraires se cantonnent, il est vrai, dans la dernière Partie.

Un certain nombre d'observations permettent d'affirmer qu'il s'agit d'un *arrangement de brouillons* en vue de reconstituer un texte complet. En effet on note :

1. Le collage, dans la Quatrième et la Cinquième Partie du roman de passages imprimés empruntés à la version préoriginale parue dans la *NRF* et plus précisément, comme nous l'établirons par la suite, à des épreuves de cette revue[13]. – Le collage, dans la Quatrième Partie, de passages dactylographiés (Ms, 275-84 et 301). Ces deux sortes de fragments viennent certainement combler des manques entre les éléments de brouillons.

2. La discontinuité des corrections : ainsi le nom d'un personnage, nommé d'abord Raguine, est changé en Vologuine par rature à l'encre violette ou au crayon (Ms, 185-95, 206) lors de ses premières apparitions mais l'auteur n'a pas opéré partout la substitution (199-205, 207).

3. La fréquence des blancs non complétés. Manquent souvent un nom, un adjectif que l'auteur s'est laissé la liberté de déterminer par la suite. Ainsi à propos de Ferral, ce capitaine d'industrie incarnant le capitalisme occidental, ne figurent pas encore
⟶

Manuscrit de *La Condition humaine* (propriété de la Bibliothèque Nationale). Feuillet 304 (foliotage du relieur), ou 321 et 4 (double numérotation de l'auteur). Cette page est constituée de 7 collages de fragments provenant du brouillon *E*. Le passage concerne les relations du couple Ferral–Valérie (Quatrième Partie). L'homme y est victime, avec un autre admirateur de Valérie, de la mystification inventée par la jeune femme pour se venger. Le nom de ce personnage féminin n'est pas encore choisi (*Madame* [un blanc]). On y trouve la première version de la lettre de Valérie (*infra*, p. 138).

321

Dans le hall, un employé européen s'approcha de lui :

— Madame [illegible] fait dire à Monsieur Ferral qu'elle ne rentrera pas cette nuit, mais que ce monsieur lui expliquera.

Ferral, interloqué, irrité par le "ne rentrera pas ~~dans la~~ cette nuit" regarda qui était "ce monsieur" : ~~Il était~~ assis, de dos, à côté d'un perroquet. Il suivit l'employé, et se trouva enfin devant le directeur d'une des plus grandes banques américaines, qui depuis ~~six~~ un mois ~~faisait~~ courtisait ~~tous~~ Valérie ~~[illegible]~~. A côté de lui, derrière le perroquet, un boy tenait, ~~également~~ [illegible] que celui de Ferral, un [illegible] dans une cage. Il se leva, serra la main de Ferral en lui disant :

— Vous devez m'expliquer, Monsieur...

Ils comprirent ensemble qu'ils étaient mystifiés. Ils se regardaient sans plus rien dire, au milieu du sourire sournois des boys et de la gravité trop grande pour être naturelle des employés blancs. C'était l'heure du cocktail, et beaucoup de [illegible] étaient assis dans le hall. Ceux-ci commençaient à regarder les deux hommes graves, accompagnés chacun, comme des seigneurs chinois, d'un boy porteur d'oiseau. Ferral se sentait ~~de beaucoup~~ le plus ridicule ~~parce que~~ : l'Anglais était ~~beaucoup plus~~ presque un jeune homme.

~~Il se refusait instantanément~~ [illegible] mais autant que la colère qui l'envahissait ~~[illegible]~~ [illegible] l'état d'infériorité ~~[illegible]~~. Il se sentit entouré d'une sottise intense, de la vraie bêtise humaine, celle qui colle, qui pèse aux épaules : ceux qui le regardaient étaient les plus haïssables ~~[illegible]~~ créatures de la terre.

Ignorant ce qu'ils savaient, ils ~~[illegible]~~ supposaient [illegible] en connaissant ce tout. [illegible] ~~[illegible]~~ ceux qui étaient là, il

se sentait dans sa tour [illegible]
haine.

— C'est un concours ? demanda-t-il au boy

— Je ne sais pas, répondit l'autre.

— Le mien, c'est un mâle.

— Oui. Le mien, une femelle.

— Il s'agit du pourpre ... L'Anglais s'inclina, se dirigea vers le portier. Celui-ci lui remit une lettre.
Il la lut, tira une carte de visite de son portefeuille, la tira, la coupa, dit au portier : « Pour Madame » et sortit.

—

Ferral [illegible] Elle l'avait atteint à son point le plus sensible, comme si elle lui eût crevé les yeux pendant son sommeil : elle le niait. Ce qu'il pouvait penser, faire, vouloir, n'existait pas. Cette scène n'était, rien ne ferait qu'elle n'eût pas été. Lui seul ne s'était [illegible] qui était enfoncé par [illegible] dans un monde de fantômes, et c'était par lui, précisément par lui, [illegible] à une conséquence, mais à une [illegible] de plus — car il ne [illegible] — de plus, il ne coucherait pas avec [illegible] sa défaite, comme si la rage l'eût rendu [illegible] se venger sur ce corps [illegible] là. Il était là seul, [illegible] plus que jamais besoin [illegible] leurs cages au bout des [illegible] et de ses [illegible] (?) [illegible]. Il [illegible] bas. Et chacun d'eux une [illegible]. Mais il fallait, avant tout, rester. Il [illegible]

[illegible] Ferral commanda un cocktail et [illegible] dans la poche de son veston, l'allumette [illegible] alluma une cigarette, puis [illegible] Le boy revint avec [illegible]. Il fit appeler le portier.

— Vous avez une lettre pour moi. Donnez-la.

Le portier, étonné mais toujours sérieux, tendit la lettre.

« Depuis longtemps, la femelle de M. [illegible] est sans mâle, cher. Je vous [illegible] si bien que ce [illegible] un plaisir, ce qui convainc si bien les oiseaux, de lui apporter le [illegible] tantôt qu'il cherche en vain. »

—

dans le manuscrit son âge aux différentes étapes de sa carrière, celui des personnages historiques mis en parallèle avec lui, le nom de la Société commerciale qu'il dirige... (Ms, 109).

4. Des ruptures dans la continuité du texte au changement de feuillets. Ainsi en est-il entre les ff. 39-40, 173-4, 276-9 (deux feuillets blancs), 316-7... Cette dernière comporte une suite de paragraphes assez mal enchaînés qui ressemblent à des esquisses...

5. Des écarts importants entre le manuscrit et l'édition originale : des passages plus ou moins étendus sont supprimés, ou au contraire ajoutés, dans l'originale ; des groupes de mots, des phrases, des paragraphes, des séquences entières y sont déplacés, sans que le manuscrit en fasse aucunement mention et sans que ces modifications soient, toutes, imputables à des corrections sur les épreuves de l'originale. Enfin, quand la continuité du texte est maintenue à peu près identique, on note d'innombrables modifications de détail. L'édition originale reprend parfois des membres de phrases barrés dans le manuscrit.

6. Enfin la présence, dans le manuscrit, de deux variantes d'un même passage. Ainsi on trouve deux ouvertures successives (Ms, 344) pour l'épisode où le héros Kyo et sa femme May attendent en vain au *Black Cat* la venue de Clappique ; il en est de même pour la scène qui se déroule entre le peintre Kama, Clappique et Gisors (263-74). Après la sortie de Kama, puis de Clappique, qui semble mettre un point final à cette scène, celle-ci est reprise sous une nouvelle forme – dont la plupart des éléments vont être conservés dans l'édition originale – en un texte en majeure partie dactylographié (275-84) et parfois imprimé (283 et 284). Des corrections manuscrites la rapprochent encore de la version donnée dans l'originale (Or, 222-4), mais certains éléments en seront rejetés plus loin, dans ce dernier état : on les retrouve au cours de l'autre entretien, plus dramatique encore entre Clappique et Gisors, au moment où ce dernier vient solliciter l'aide de cet individu insaisissable dans l'espoir de sauver la vie de Kyo (310-3).

Le roman aurait donc, d'après les indications de Malraux, été rédigé en moins de deux ans, de septembre 1931 à mai 1933 – l'achevé d'imprimer de l'édition originale date du 5 mai 1933 –. Et les derniers chapitres auraient été écrits alors que les premiers paraissaient dans la *NRF*. En effet, selon l'usage de l'époque, une version préoriginale du roman a été publiée en revue, comme pour *Les Conquérants* et plus tard pour *L'Espoir*[14], en six livraisons, de janvier à juin 1933. Il est inconcevable que l'ensemble du roman n'ait pas été brossé, dans ses grandes lignes, à la fin de l'année 1932, mais il a subi encore de sérieuses retouches entre le début de son lancement, en janvier, et la publication en volume, en mai. Nous devons à la générosité de Walter G. Langlois des informations précises sur 208 feuillets d'épreuves de l'originale. La consultation de ces placards qui portent la mention «*Bon à mettre en pages. Le 18/4/33 André Malraux*», confirme que l'auteur a effectivement modifié son texte en cours de parution de la revue. Les corrections (suppressions ou ajouts) sont, comme il était prévisible, beaucoup plus nombreuses dans les sections correspondant aux deux dernières livraisons de la *NRF* qui adopte, à quelques détails près, la version proposée par ces retouches sur épreuves.

Les collages de textes imprimés que nous avons signalés dans le manuscrit sont empruntés à la *NRF*. Ils montrent, eux aussi, l'abondance des corrections faites par Malraux jusqu'à la dernière minute. L'état du texte offert par ces collages est en effet sensiblement différent de celui qui est publié dans la revue ; il s'agit du texte des épreuves, sur lequel sont portées des corrections faites par la main de l'auteur avec les signes typographiques habituels. Certains changements sont notés directement sur le papier vélin du relieur. Ils sont trop importants pour ne pas avoir nécessité une recomposition du texte et un nouveau jeu d'épreuves ; lui-même à son tour repris puisque le texte de la revue offre encore des variantes non négligeables par rapport à l'ensemble des corrections que nous trouvons sur ces collages du manuscrit. Belle tolérance de l'éditeur ou traitement de faveur pour ce collaborateur de qualité ? L'auteur soulignait déjà, à propos des *Conquérants*, n'avoir jamais tenu pour sien « *que le texte corrigé sur les épreuves d'imprimerie* »[15]. La lecture du texte sous cette forme suscite chez lui des corrections nouvelles. Mais certaines de ces retouches changent profondément, comme nous le verrons, l'orientation et le sens global de la fiction. Dans les dernières séquences en particulier, des modifications portant sur le destin des héros, en clôture de récit, transforment la signification d'ensemble ; l'auteur donne au roman sa dimension politique et le tire dans le sens d'une valorisation de la révolution prolétarienne, entre la rédaction du brouillon manuscrit et les dernières mises au point de l'édition originale, en passant par le stade de la version préoriginale en revue. Cela, donc, entre le dernier semestre de 1932 et le premier de 1933. On peut raisonnablement admettre l'existence d'une expérience décisive, à cette même époque, qui a déplacé sensiblement, à ses yeux, les lignes de force du destin humain. C'est en tout cas, au cours de ces derniers mois de mise au point de *La Condition humaine* que l'homme s'engage dans les luttes politiques de son pays et se range dans ce qu'on appelle la « Gauche sympathisante ».

Or il convient de souligner que les premiers mois de gestation du roman coïncident avec un climat profondément différent : celui d'un premier tour du monde entrepris par l'auteur avec sa femme Clara, à des fins purement artistiques, pour le compte de la maison Gallimard. Voyage de près d'une année, en 1931, afin de rassembler les éléments d'une exposition mariant les civilisations grecque et bouddhique. Ce périple avait plus de chance d'inciter Malraux à composer un essai d'art et de cultures comparées qu'un roman engagé ! C'est sans doute à un tel essai que songeait l'écrivain en signant un accord avec Bernard Grasset à son retour en janvier 1932[16]. En tout cas, l'expérience du directeur d'un journal politique soutenant le programme du mouvement nationaliste annamite, en 1925, semble bien loin et oubliée ; l'aventurier esthète a repris le dessus.

Les escales de ce périple le conduisirent en Chine continentale – en particulier à Shanghai où se déroule l'ensemble des péripéties du roman, puis au Japon et aux États-Unis. Là, l'épuisement des fonds alloués par Gallimard le retint quelque peu désœuvré et disponible, ce qui, à notre avis, n'a pas été sans conséquence dans l'élaboration du récit.

Outre le cosmopolitisme fondamental du roman, qui le rattache à la veine des *Conquérants* et de *La Voie royale*, le texte du manuscrit porte la trace de ces conditions de travail fort peu sédentaires, ayant été rédigé au cours des déplacements de ce couple habité par la passion des voyages. Quand Malraux, dans la lettre citée plus haut, donne comme lieux de rédaction du roman «*Chine, Japon, États-Unis, Paris, Peira Cava, Paris*», il ne retient que les endroits essentiels, car nous trouvons dans le manuscrit quelques phrases jetées par exemple sur papier à en-tête du Palace Hôtel à Bruxelles[17].

Quand Malraux n'était pas en déplacement de par le monde, il écrivait surtout le soir. Ses activités de salarié chez Gallimard occupaient la majeure partie de ses journées, selon le témoignage de sa compagne Clara à qui nous parlions des conditions de travail de l'écrivain. Il s'est toutefois retiré quelque temps, pour rédiger l'essentiel du roman dans la vallée de Chevreuse, chez l'ami «*excellent spécialiste des choses de l'Asie*»[18], Eddy du Perron, à qui il l'a dédié.

D'où sans doute l'aspect particulier du manuscrit constitué d'éléments rédigés sur des supports et avec des encres très divers. On distingue d'une part six types de supports qui correspondent apparemment à des brouillons d'époques différentes, sans compter les collages imprimés et dactylographiés, et le papier à en-tête signalé plus haut; d'autre part quatre couleurs d'encre et le crayon : le noir domine, le bleu, le violet et le vert ayant été utilisés plutôt pour les corrections, ce qui permet de distinguer les retouches faites sur le moment de celles qui furent exécutées à l'occasion d'une relecture ou d'une mise au point postérieure. On peut discerner plusieurs étapes dans la genèse du roman grâce à l'analyse de ce support matériel, en tenant compte de la variété du papier, de la graphie, des encres qui délimitent des unités rédactionnelles dans la suite de l'énoncé. On voit clairement les segments de texte qui ont été rédigés d'un seul tenant. Le manuscrit présente six « couches » de texte qui forment une sorte de puzzle temporel que nous désignerons par les premières lettres de l'alphabet.

1. Le brouillon *A*.

Écrit sur des pages de cahier d'écolier, comme d'ailleurs *B, C, D,* il est le seul à offrir des carreaux millimétrés et quadrillés avec marge rouge. Très jauni, presque brun, il est rédigé à l'encre noire. C'est assurément l'élément le plus ancien, ce qui subsiste d'un tout premier état. Il n'apparaît que dans les premières pages de la Première et au milieu de la Deuxième Partie du roman où il correspond à :

a) la présentation des héros Kyo et Katow dans le magasin de disques. Numéroté *2* et *3* par l'auteur, cet épisode figure aux feuillets 15 et 16 du manuscrit. Il y est précédé de la séquence où on nous conte le meurtre commis par le terroriste Tchen. Il porte des corrections à l'encre bleue, de la couleur et de la même écriture que le développement dans lequel l'auteur l'a inséré, utilisant ainsi, avec rectification, des éléments antérieurs. Extrêmement biffé ou raturé à l'encre bleue et violette, il dénote une maladresse certaine dans la conduite du dialogue, abondamment retouché. Tchen s'y demande en particulier s'il a effectivement tué l'homme qu'il vient d'agresser dans sa chambre d'hôtel. Le héros Kyo y porte un nom français : il se nomme Georges Gisors (Ms, 16). Le prénom japonais est en surcharge.

b) quelques éléments d'une scène qui se déroule dans les rues de Shanghai, au cours de la Deuxième Partie (Ms, 123, 141, 142). Le héros en est Tchen. Bribes de réflexion, de description et de dialogues, collées là encore sur le brouillon *B* postérieur. Il s'agit d'un détail anecdotique : Tchen en se dirigeant vers un poste central rencontre trois cadavres de chevaux barrant sa route, sur lesquels se lamente un vieux cocher.

2. Le brouillon *B*.

Établi à l'encre noire, sur un papier ligné à marge rouge comme *C*, nettement moins jauni que ce dernier, *B* constitue l'état le plus conséquent et le plus continu du roman. Le texte s'y présente le plus souvent sous forme d'assez longues séquences qui s'organisent autour de grandes scènes constituant des unités de création, comme le prouve la pagination autographe. Mais celle-ci, quelque peu irrégulière, témoigne de suppressions et de déplacements à l'intérieur des scènes ; le manuscrit dans sa forme actuelle nous offre donc un nouvel état par rapport à ce qu'a dû être *B* au moment de sa rédaction. Cet aspect de « roman à grandes scènes » – très marqué chez Malraux et qui lui a été souvent reproché comme une propension aux morceaux de bravoure, au récit fragmenté – correspond effectivement à son mode d'invention : l'écrivain conçoit son roman sous forme de « scènes à faire », d'épisodes organisés autour d'un ou plusieurs personnages engagés dans une action particulière. On retrouve les mêmes blocs narratifs dans *L'Espoir* : combats de rues dans Barcelone, bataille du Parc de l'Ouest, descente de la montagne par les aviateurs blessés...

Le premier exemple de ces scènes autonomes au moment de leur gestation est fourni par le meurtre du marchand d'armes

Tang-Yen-Ta par le terroriste Tchen. Paginé de *1* à *10* par l'auteur, le récit en a visiblement été rédigé d'une manière continue, mais l'idée de placer en tête du roman cette péripétie est venue après coup à l'écrivain, comme le prouvent le brouillon *A* relégué en deuxième position quoique sa rédaction soit chronologiquement antérieure, la série des retouches opérées sur la Première Partie pour établir des liens et des rappels avec cette scène initiale, enfin l'absence dans celle-ci des corrections à l'encre violette qui affectent les 39 premiers feuillets du roman. On a souvent souligné l'effet frappant et insolite de cette ouverture pour le lecteur français qu'elle jetait d'emblée *in medias res*, dans un climat de violence et de mort.

Une numérotation autonome délimite également en unité de fabrication la scène du *Black Cat* où apparaît le personnage de Clappique (Ms, 28-39), la méditation de Gisors (54-8), la visite chez celui-ci de son disciple Tchen (72-8), l'attaque par ce dernier d'un poste de police aux côtés des ouvriers des filatures (124-42), la réception de Ferral à la police par le chef de la Sûreté, Martial (143-50). Ces scènes dont on a toujours senti l'importance constituent les noyaux du récit précocement mis en place, entre lesquels l'état *D* ou *C* sert de jointure.

Cet état, le plus ancien à l'exception des courts fragments de *A*, a été amplement retravaillé, en particulier dans les passages essentiels à la compréhension des personnages, par exemple le dialogue qui traite de la mythomanie de Clappique tout en mettant en valeur, par l'analyse qu'en fait Gisors, la perspicacité de ce dernier (Ms, 51).

Les Première et Deuxième Parties sont constituées essentiellement du brouillon *B*. Mais celui-ci subit par endroits des suppressions et des découpes telles que ne subsiste parfois d'une page qu'un mince collage de quelques lignes, et l'auteur doit ménager des raccords plus ou moins importants. D'où la trace d'une série de retouches opérées à des époques différentes, sous forme d'abondantes corrections à l'encre violette, bleue ou noire. En revanche, *B* constitue l'unique matériau de la Troisième Partie. Celle-ci présente des caractéristiques propres. Sous l'angle de l'histoire, si l'on met à part la dernière Partie qui sert en quelque sorte d'épilogue à ce récit de l'écrasement des révolutionnaires communistes de Shanghai, elle est la seule à n'avoir point pour cadre cette ville mais le port de Han-Kéou. Sur le plan de la rédaction, elle semble avoir été conçue dans des conditions différentes : rédigée d'une seule traite à une même époque, avec des corrections limitées et beaucoup moins de collages et de découpes que les six autres parties du roman. Les changements d'écriture dévoilent un rythme de rédaction régulier et continu.

Cette Troisième Partie est essentiellement constituée des deux grandes scènes de débats idéologiques et politiques entre le héros Kyo et deux représentants de l'Internationale, le secrétaire de la section chargée de Shanghai, Vologuine, pour la première (Ms, 185-195 et 199-205), le responsable du port de Han-Kéou, Possoz, pour la seconde (212-20). Tchen assiste à la seconde partie de l'entretien avec Vologuine. Là encore la pagination autographe prouve l'autonomie de rédaction des deux scènes[19]. Les retouches affectent plutôt les éléments de transition : description des rues de Ou-Chang (196-8), impressions finales de Kyo solitaire dans la nuit de Han-Kéou (221). L'auteur a inséré ce bloc narratif en deux temps, d'après la nature des corrections et surcharges opérées sur le brouillon *B* : l'encre verte a d'abord été utilisée pour corriger la première partie de la discussion entre Kyo et Vologuine (185-195) et ménager les transitions avec les dernières pages de la Deuxième Partie du roman (174-8), en revanche les retouches sont opérées au crayon sur les pages contant l'entretien avec Possoz et sur celles qui précèdent immédiatement cette scène (206-20, *passim*).

Dans la Quatrième Partie, très composite cette fois, le brouillon *B* se mêle à *D, C, E, G*, sans parler des éléments imprimés et du papier à en-tête signalé plus haut. Là, comme dans la Cinquième Partie, il se présente en suites continues et homogènes, même si celles-ci font parfois l'objet d'extrêmes découpages. On pourrait citer par exemple, au début de la Cinquième Partie (Ms, 324-43), tout l'épisode centré sur Clappique où, sous l'effet d'une sorte de fatalité intérieure, il s'attarde à la table de jeu, compromettant définitivement les jours de Kyo, puis se livre à une méditation solitaire avant de rejoindre des prostituées.

L'identification de cet état *B* permet souvent de voir en œuvre, comme nous le montrerons, certaines démarches de composition propres à l'auteur et qui relèvent d'une esthétique nouvelle et originale en son temps.

Pour en finir avec cet état *B*, on notera qu'il est totalement absent des deux dernières Parties du roman.

3. Le brouillon *C*.

Papier simplement ligné, à marge rouge, très jauni, texte rédigé à l'encre noire et bleue. Il est localisé dans le chapitre II de la Première Partie, dans la Deuxième et dans la Quatrième[20]. On ne le trouve plus dans les trois dernières. Cet état concerne rarement une page complète (il s'agit le plus souvent d'un collage de quelques lignes sur *B*). Il est lui-même postérieur à *B*, car il comporte souvent l'indication de noms propres, encore laissés en blanc sur *B*.

Ces insertions correspondent parfois à des détails de mise en scène, à des indications matérielles portant sur le mouvement des acteurs : sortie de chez Gisors du vieux Chinois à tête de mandarin (Ms, 73), notations scéniques au cours de l'entretien entre Tchen et Gisors (76), abandon par Ferral de sa voiture au milieu de la foule terrifiée (117), ouverture de la discussion entre Clappique, Gisors et le peintre Kama...

Mais ces collages d. *C* concernent surtout la caractérisation des personnages auxquels ils tentent de donner une certaine épaisseur.

Soit ils leur inventent un passé – Tchen (Ms, 81-7), Ferral (109, 112-4) – et dans ce cas il arrive que *C* présente exceptionnellement un développement étendu, ajout délibéré et tardif dans un récit dont les héros vivent essentiellement engagés dans l'action immédiate. Soit ils mettent l'accent sur la vie intérieure des héros, en insérant des réflexions qui intériorisent les scènes et les situations du combat révolutionnaire : considérations de Gisors ou de Kyo sur l'acte terroriste, sur la fascination et l'angoisse qu'il implique, sur ses rapports avec la vie sexuelle, toutes réflexions qui tendent à éclairer la personnalité de Tchen (77-8), méditation de Gisors concernant la nature de Kyo et de Tchen et son angoisse de les avoir mal secourus ou mal compris (80), nature de la domination exercée par Ferral et sentiment qu'il inspire au chef de la police, Martial (108), impressions de Tchen à la vue d'un ennemi blessé et ligoté, menacé de brûler vif (130). Ces quelques lignes suffisent à focaliser sous l'angle de vue de Tchen la scène de combat violent, et à nuancer la psychologie de ce terroriste.

Ainsi s'inscrit en clair dans la genèse du roman un aspect tout à fait caractéristique de la création malrucienne ; tout ce qui est fil conducteur anecdotique, dimension concrète de l'univers, décor, gestes, tout ce qui est individualisation des personnages par le passé, la vie intérieure, sont à ses yeux des concessions aux lois d'un genre qui implique l'incarnation du général dans le particulier. Cette dimension concrète n'est pas pour lui un point de départ, comme elle l'est par exemple pour Giono qui dit avoir commencé *Un Roi sans divertissement* en décrivant d'abord un hêtre superbe et monstrueux. Formes d'esprit et démarche totalement différentes !

4. Le brouillon *D*.

Cahier d'écolier là encore, à carreaux lignés horizontalement ; marge rouge, papier très jauni. Rédigé à l'encre bleue, le plus souvent, plus rarement en violet ou en noir[21]. Il comporte quelques surcharges à l'encre violette. Notons au passage que cette teinte d'encre a été utilisée au cours d'une relecture qui couvre, mise à part la scène d'ouverture, les quarante premiers feuillets du manuscrit, constitués d'éléments de brouillon *A, B* ou *D*. Quand elle figure exceptionnellement en première encre et non en retouche, il s'agit soit d'une transition, soit du développement d'une idée déjà exprimée, soit de la mise au net d'un passage par une réécriture sans retouche (Ms, 17, 19*bis*, 24, 26*bis*, 35).

Cet état *D*, postérieur à *B*, comme le prouve un certain nombre d'observations[22], apparaît sporadiquement mais dans toutes les Parties du roman, à l'exclusion de la Deuxième et de la Troisième qui sont d'une coulée assez homogène. Il correspond à trois types d'éléments. Il s'agit :

a) Soit de retouches de quelques lignes (encre bleue, violette ou noire); elles marquent les étapes entre les scènes, relient les séquences de dialogues à l'intrigue centrale, soulignent, en liaison avec celle-ci, les allées et venues des personnages : c'est Tchen demandant à Kyo de prendre rendez-vous pour lui auprès de son père (Ms, 17), ce qui annonce l'entretien qui aura lieu plus loin, c'est la première allusion à la maladie du fils d'Hemmelrich, qui va paralyser l'action de celui-ci durant tout le roman (19), c'est Katow et Kyo arrivant chez le marchand de lampes (24), le moment où tous deux se séparent (26*bis*), celui où Kyo cherche à aborder Clappique pour le convaincre de leur faciliter, par son intervention auprès du capitaine, la saisie des armes sur le *Shan-Tung* (35) etc. En un mot, ce sont autant de liaisons des éléments d'une fiction mise en place progressivement. Cela est très sensible en particulier pour l'affaire de prise d'armes qui sert de fil conducteur aux différents épisodes de la Première Partie. Toutes les allusions ou les rappels qui concernent cette affaire ont été inclus *a posteriori* : ils appartiennent au brouillon *D* ou sont des surcharges à l'encre violette (19*bis*, 26*bis*, 38, 38*bis*, 40, 96-7). Ainsi on note que Malraux ne pose pas au départ les grandes lignes d'une intrigue, ne jette pas à la manière de Stendhal des «pilotis» sur lesquels asseoir la continuité de « l'histoire ». Celle-ci n'est pas consubstantielle à l'invention, mais mise en place après coup pour lier les scènes et les situations.

b) Soit d'éléments essentiels par rapport à l'imaginaire de l'artiste, qui trouvent leur forme dans cet état du texte. Ils touchent aux points forts de sa pensée, à la thématique profonde de l'ensemble de l'œuvre. Telle l'évocation du fameux « retour à la terre » qu'on retrouve dans la plupart des grands romans (*Le Temps du mépris* et *Les Noyers de l'Altenburg*)[23] ; ici c'est Tchen qui rejoint la vie des hommes qui ne tuent pas, après une plongée dans l'empire de la mort par son geste meurtrier (Ms, 13). Telle aussi la prise de conscience des obstacles qui s'opposent à la connaissance de soi-même, à travers l'épisode des disques où Kyo ne reconnaît pas sa propre voix (18*bis* et 53). Malraux a souligné à plusieurs reprises l'importance à ses yeux de cette anecdote, dans l'optique pascalienne de la condition humaine que reflète le roman. Il estime n'avoir qu'esquissé le problème comme le prouve cette lettre adressée le 30 avril 1934 à Jean Texcier :

Il faut que je débouche ou sur une éthique plus rigoureuse, ou sur une notion de l'homme. J'espère l'une et l'autre, car on écrit en partie sur de tels espoirs. Il y a pour moi, fondamentalement, un problème de la conscience (esquissé avec l'histoire de disques dans *La Condition humaine*) qui doit être, sinon résolu, du moins nettement posé.[24]

Il faudrait encore citer l'évocation de cet unique mode de connaissance de l'autre, celui que procure l'amour, dans les réflexions de Kyo qui clôturent la scène de son affrontement avec May, sa femme. Il y reconnaît la «*fondamentale misogynie*» (Ms, 66) masculine. À ce même état *D* appartiennent beaucoup de retouches de cette scène d'affrontement du couple, à peu près unique dans l'œuvre de Malraux, et qui aident à en comprendre certains aspects. Elles concernent en particulier le portrait de May, l'annonce de sa trahison, l'expression de la jalousie de

Kyo. Il en est de même de la comparaison entre l'apparence et les deux types d'intelligence, l'une active et l'autre purement méditative, qui caractérisent Kyo et son père (49).

c) Soit enfin, à partir de la Cinquième Partie, de reprises très étendues, toujours rédigées en bleu, d'une écriture très régulière, sans autre rature que celles que l'on peut attribuer à une plume courant trop vite sur le papier. Ce sont manifestement des mises au point d'une version antérieure : elles concernent trois des plus grandes scènes du roman :

– l'entrevue de Clappique et de König, le chef de la Sûreté de Chang-Kaï-Shek, où se joue le sort de Kyo (Ms, 358-66) ;

– le dernier combat de rue d'Hemmelrich et de Katow sous le feu ennemi (Ms, 367-72) ;

– la scène du préau où Katow emprisonné attend la mort (Ms, 393-407). Cet épisode capital et homogène, numéroté de *1* à *16* de la main de l'auteur, porte en tête la mention «*fait*» (Ms, 393). L'état en est très proche de la version imprimée. Il permet de voir là encore combien la création romanesque chez Malraux s'organise autour de noyaux scéniques très soignés. Mais, constatation surprenante, il n'est pas question de Kyo ni de son empoisonnement volontaire au cyanure dans cette scène du préau. La numérotation suivie prouve qu'il ne s'agit pas de feuillets égarés qui auraient manqué au moment du montage de ces textes autographes. Cet épisode, ou n'avait pas encore été écrit, ou ne devait pas figurer dans ce contexte. Manque dans le manuscrit (398) tout le passage qui figure dans l'originale (Or, 357-63) et dans la préoriginale (*NRF*, 950), où elle est encore séparée du reste de la scène par un blanc. Il a été inséré en un emplacement très précis, et comporte les péripéties suivantes : entrée de Kyo, propos échangés entre lui et Katow, arrivée des trois Chinois dont Lou-You-Shuen, l'associé d'Hemmelrich, méditation ultime et mort de Kyo. Soit un des passages les plus célèbres et les plus émouvants, qui donne au roman toute sa dimension métaphysique et sa profondeur, et au héros sa grandeur. Dans la suite de la scène du préau manquent évidemment sur l'état autographe toutes les allusions à la mort de Kyo. Et, dix pages plus loin, au moment où Gisors veille le cadavre de son fils, celui-ci est présenté comme serein (Ms, 408), ce qui est quelque peu incompatible avec l'empoisonnement ; dans l'originale, cette évocation devient : « [...] *non pas serein comme Kyo, avant de se tuer, avait pensé qu'il deviendrait, mais convulsé par l'asphyxie, déjà autre chose qu'un homme.* » (Or, 370).

Ces trois types d'éléments auxquels on peut ramener l'ensemble de l'état *D* – points de suture qui anticipent ou rappellent l'intrigue, mise au point de passages brefs touchant la thématique profonde de l'œuvre, ou au contraire longues scènes capitales – comportent relativement peu ou pas de retouches et sont rédigés d'une écriture rapide et serrée. On peut les tenir pour tardifs dans l'histoire de la genèse du roman ; ils témoignent d'une assurance dans la technique romanesque et d'une meilleure maîtrise dans la formulation de la pensée que l'état *A* ou *B* par exemple.

5. Le brouillon *E*.

Cet état tardif a pour support un papier non ligné, blanc, relativement peu jauni ; il est rédigé à l'encre noire. Il apparaît pour la première fois dans la Quatrième Partie (Ms, 275) où il se mêle à des éléments dactylographiés (brouillon *G* employé pour la première fois en même temps que *E*), imprimés, à des collages de *B* qui reste l'état le plus important. *B* domine également la Cinquième Partie où *E* se réduit à quelques pages en étroite liaison, sur le plan anecdotique, avec la première moitié de la Sixième Partie où le sort de Kyo est définitivement compromis, qui appartient à ce même état *E*. Ces quelques pages de la Cinquième Partie[25] correspondent au passage où May et Kyo attendent en vain Clappique au *Black Cat*, puis sortent dans la rue où le héros est assommé et enlevé (344-5) et à celui où

Clappique monologue, seul en face de lui-même, grimaçant devant l'image que lui renvoie son miroir, avant que Gisors ne vienne le prier d'intervenir en faveur de son fils auprès de König (353-7). Le reste de la Sixième Partie appartient au brouillon *D* ; il s'agit de la grande scène du préau où Katow et ses compagnons trouvent la mort (393-403) dont nous avons dit qu'il correspondait très probablement à la mise au point d'un état antérieur. Le brouillon montre que l'auteur comptait enchaîner à la suite de la première moitié de cette Sixième Partie (379-92) un épisode sur Ferral, comme le prouve le début biffé d'une séquence (392). Le personnage ne réapparaît que dans la dernière et Septième Partie.

À cet état *E* appartient une série de scènes où s'intériorise l'expérience des héros, où la dimension métaphysique du titre prend toute sa signification tragique : emprisonnement de Kyo qui découvre l'abjection humaine en voyant fouetter un prisonnier, pitoyable vieillard fou, et prend conscience de la fascination qu'exerce sur l'homme le spectacle de la violence et de la cruauté (Ms, 379-83), entrevue de Kyo et de König – le policier envoie le héros à la mort pour se venger d'une humiliation qu'il ne parvient pas à oublier (384-7) – enfin fuite lamentable de Clappique (388-92).

E couvre pratiquement toute la dernière partie du manuscrit, à l'exclusion des trois premières pages (Brouillon *D*) qui constituent, en fait, la fin de la scène du préau : Katow reconnaît avoir donné du cyanure à deux de ses compagnons ; il est emmené pour être brûlé vif (Ms, 405-7). La numérotation autographe rattache, comme il se doit, ces quelques pages à la Sixième Partie[26].

La seconde exception est constituée par l'épisode de Ferral à Paris (Ms, 411-6 ; paginé de *1* à *6* par l'auteur) mais, dans cette séquence, *E* apparaît encore par endroits sous forme de collages qu'on peut considérer comme l'utilisation d'éléments appartenant à une rédaction antérieure.

6. Le brouillon *F*.

Rédigé sur papier bleu à l'encre noire, cet état ne concerne que l'épisode de Ferral en Europe, qui nous a toujours semblé quelque peu centrifuge par rapport à cette page de l'histoire de la Chine que nous conte le roman. Comme l'intermède de Han-Kéou, il ne se passe pas dans le cadre de la ville de Shanghai, or celle-ci est autre chose qu'un simple décor dans cette aventure des militants communistes d'une même cité ; elle accentue les liens de fraternité entre les révolutionnaires chinois exterminés par le Kuomintang. Mais la différence tient surtout au fait que la cible n'est plus la même : les adversaires de ce drame qui nous montre l'écrasement des hommes, de leurs efforts et de leurs rêves ont changé. Ce n'est plus la dénonciation du colonialisme, de l'impérialisme occidental pactisant avec les classes chinoises possédantes pour maintenir en tutelle et exploiter ouvriers et paysans, mais du régime parlementaire français, de son hypocrisie et de ses collusions entre les puissances d'argent et le gouvernement. Comme dans la plupart des romans de Malraux, on trouve en fin de récit l'amorce du suivant. Malraux en a fini avec le dépaysement, l'appel de l'Orient et de ses problèmes vus dans l'optique d'un Européen, qui nous ont valu *La Tentation de l'Occident, Les Conquérants, La Voie royale* et *La Condition humaine* ; il se tourne désormais vers l'Europe où les tensions se précisent et où les nuages s'amoncellent. Contre eux, notre pays n'offre que des gouvernants à l'image du ministre des Finances qu'affronte Ferral. Capables seulement de marchandages hypocrites avec les grands établissements bancaires qui font la loi, indifférents aux intérêts de l'État.

Dans ce dernier état du brouillon, qui sera d'ailleurs considérablement étoffé dans l'originale, Malraux laisse transparaître de nouvelles préoccupations et liquide le condottiere des premiers romans, qui survivait en Ferral.

À travers ces six types de brouillons, on peut donc noter que dans ses grandes masses, la chronologie de la rédaction a sensiblement suivi l'ordre de la narration. On peut récapituler en un tableau les différents brouillons et leur localisation dans ce montage de textes manuscrits :

ÉTATS chronologie de la rédaction	PARTIES I I II	II	III	IV	V	VI	VII
A (carreaux millimétrés) encre noire	[*] |–	[*]	.	.	.	.	.
B (ligné) encre noire	* *	*	*	*	*	.	.
C (ligné) encre noire ou bleue	–| *	*	.	*	.	.	.
D (carreaux lignés horizontal.) encre bleue,violette ou noire	*	.	.	*	*	–| *	*
E (non ligné) encre noire	.	.	.	[*]	[*]	* |–	*
F (papier bleu uni) encre noire	.	.	.	.	.	.	* |–
G texte dactylographié	.	.	.	*	.	.	.
Imprimé	.	.	.	*	*	.	.

LÉGENDE

[*] indique la présence très limitée d'un type de brouillon
I II sont les sous-divisions de la Première Partie
|– indique la moitié non concernée d'une Partie décrite par moitiés

Corrections : *A* (encre bleue, violette) *B* (bleue, violette, noire, verte, crayon) *C* (bleue) *D* (violette, noire) *E F G* Imprimé (noire)

Les brouillons :

A, le plus ancien, subsiste à l'état de traces au début du roman et en particulier pour la présentation des deux héros révolutionnaires Kyo et Katow ;

B met en place l'essentiel des cinq premières Parties ;

C semble parachever les quatre premières Parties, à l'exclusion de l'épisode de Han-Kéou ;

D semble une mise au point plus tardive puisque nous avons vu qu'elle s'étend jusqu'à la dernière Partie ; nous avons dit dans quelle limite ; toutefois elle ne touche ni l'épisode de Han-Kéou ni la Deuxième Partie ;

E apparaît dans les Quatrième et Cinquième Parties, mais constitue l'essentiel des deux dernières ;

F ne concerne que le seul épisode parisien de la dernière Partie.

Comme il l'écrit lui-même au moment de la sortie du roman, Malraux «*ne croi*[*t*] *pas à l'esthétique du roman autrement que comme l'organisation la plus efficace des moyens employés*»[27]. Nous allons le voir mettre en jeu ces moyens pour obtenir certains effets qui vont s'affirmant d'un état à l'autre à travers les retouches opérées sur le manuscrit, entre celui-ci et la publication préoriginale, enfin dans l'originale, avec parfois des réorientations, des rectifications d'itinéraires.

II

LA « NÉCESSITÉ » RÉALISTE

Quelle est la situation du genre au moment où Malraux écrit son troisième roman ? Question non négligeable pour comprendre l'œuvre d'un homme qui n'a cessé jusqu'à la fin de sa vie de rappeler que le romancier, comme le poète, se conquiert « sur les formes qu'il admire ». « *La création* », notera-t-il bien des années plus tard, « *n'est pas le prix d'une victoire du romancier sur la vie, mais sur le monde de l'écrit dont il est habité* »[28]. Or le roman traverse une période d'intense production entre 1930 et 1940, époque qu'on a pu nommer « l'âge d'or du roman ». Des tendances très diverses s'y manifestent, entre lesquelles le jeune écrivain doit choisir sa voie.

L'environnement littéraire comporte encore des romanciers, parmi les plus notoires, qui nous semblent aujourd'hui l'écho du passé et les héritiers du roman psychologico-naturaliste du XIXe siècle dont ils perpétuent les formes romanesques. Ces « *continuateurs* », comme les nomme Gaëtan Picon, savent, souvent avec beaucoup de talent, inventer une intrigue, développer une action, créer ce qu'on appelle une « atmosphère ». Ils savent surtout saisir et rendre la ressemblance en insérant dans leur histoire la réalité immédiate de leur temps qu'ils observent avec pénétration, avec le goût d'une documentation objective, pour en rendre fidèlement compte. C'est le cas de Roger Martin du Gard et de Jules Romains, obsédés par « *le souci de la fiche documentaire* »[29], de Francis Carco fréquentant les bals-musettes de la rue de Lappe, de François Mauriac se penchant sur les annales de la société bordelaise.

À cette catégorie, qui a proliféré dans l'entre-deux-guerres, appartient le roman-fleuve, la vaste fresque sociale, la somme romanesque, dans un genre qui a fait ses preuves, de *La Comédie humaine* aux *Rougon-Macquart*. Beaucoup de nouveaux cycles romanesques ont commencé à paraître au moment où Malraux, dans sa vingtième année, forge ses goûts littéraires : *La Vie et les aventures de Salavin* de Georges Duhamel (1920-1932), *Les Thibault* de Roger Martin du Gard (1922-1940), *L'Âme enchantée* de Romain Rolland (1922-1933). D'autres sont exactement contemporains, par la date de leur lancement, de *La Condition humaine* : *La Chronique des Pasquier* de Georges Duhamel (1933-1944), *Les Hommes de bonne volonté* de Jules Romains (1932-1947), *Les Hauts Ponts* de Jacques de Lacretelle (1932-1936).

La plupart de ces chroniques, centrées sur un homme ou une famille, construisent un monde dont les personnages principaux incarnent les traits essentiels d'une classe, d'une profession, d'un type ; les données historiques y constituent une sorte de point d'ancrage. Elles sont imitation fidèle du monde réel et visent à donner l'illusion de la réalité, ne serait-ce que par leur chronologie linéaire. Cet aspect est souvent accentué par la présence de quelques personnages historiques.

Malraux, en homme cultivé, est lui aussi un héritier. Il emprunte au genre ses mêmes cadres codifiés au cours du XIXe siècle et au début du XXe à partir des illustres modèles de notre littérature, Balzac, Stendhal, Flaubert etc., mais il se distingue nettement de leurs continuateurs par un autre projet. Comme un certain nombre de jeunes écrivains de sa génération, Céline, Montherlant, Aragon, Saint-Exupéry, Bernanos, voire Camus, il est moins soucieux de peindre des caractères et des milieux que d'expérimenter les attitudes éthiques ou métaphysiques de l'homme ouvert à un monde nouveau et soumis à une crise de civilisation.

Pour un esprit aussi imprégné que le sien d'une interrogation sur le sens de la vie, du sentiment de la collectivité, du rapport de l'homme à l'Histoire, la forme romanesque offre de multiples ressources, sans qu'il attache toutefois grand prix à la spécificité du genre. Il met l'expression de l'homme, son intensité, au premier rang. Quand il se fait juge d'un autre romancier, c'est la passion qu'il décèle dans *L'Imposture* de Bernanos, la ferveur de ton dans *Le Sang noir* de Guilloux qui le retiennent. Compte pour lui «*la violence des sentiments que* [*le romancier*] *met en jeu volontairement ou à son insu*»[30]. La vision de Malraux rejoint la conception moderne de la création littéraire, qui voit dans l'œuvre d'abord l'expression des choix, des obsessions, des problèmes situés au cœur de l'existence personnelle. Le roman lui semble le genre le mieux adapté à l'expression de ces obsessions. À la tradition romanesque élaborée par ses devanciers, il ne demande que d'accroître la recevabilité de son message. Mais nous verrons comment ce message nouveau l'a nécessairement conduit à plier et à modifier ces formes antérieures.

*

LES PERSONNAGES

Dans une telle optique, le personnage devient donc l'incarnation des idées de l'auteur; son authenticité tient au degré d'identification avec l'expérience intime du créateur, expérience qui n'a évidemment pas grand-chose à voir avec les détails anecdotiques de la biographie de ce dernier, mais avec son attitude métaphysique et sa manière d'être au monde. Malraux précise son point de vue dans une lettre adressée à Edmond Jaloux le 12 janvier 1931, peu de temps avant d'entreprendre son roman *La Condition humaine* :

On peut exprimer ses idées dans l'abstrait (directement) ou par parabole. Dans le second cas, – Dostoïevski, Stendhal, Gide, – et peut-être Shakespeare – la fiction est informée du dedans, au lieu de l'être du dehors, et les personnages naissent les uns des autres, comme s'ils étaient destinés à incarner des états successifs de la philosophie de l'auteur. On pourrait parler d'une « philosophie » qui s'exprime en exposant son domaine, au lieu d'édifier son système. Et le récit, alors, n'est pas tout à fait un récit, de même que *Hamlet* n'est pas tout à fait un drame.[24]

Cet être fictif n'est donc qu'un moyen d'incarner les problèmes fondamentaux de l'existence. Les idées, dans ce domaine, n'étant jamais des certitudes, ont besoin de s'éprouver l'une l'autre, de dialoguer ; elles sont les interrogations qui deviennent les matériaux de ces créatures de fiction. Aussi Malraux n'a-t-il aucune prétention à l'objectivité, à la diversification des personnages fondée sur une observation de la nature. Sa sympathie est toujours allée à cette catégorie d'auteurs dont les héros sont des manifestations de leur sensibilité, comme Eschyle, Shakespeare, Dostoïevski, Stendhal ; il se sent proche d'eux, et non du romancier à la Gorki dont l'histoire prétend qu'il « *éprouvait dans sa jeunesse le besoin de suivre des gens en secret, pour en faire des personnages* » (*A*, 16). Lui-même ne prétend pas contribuer à l'élucidation de l'individu, à la peinture du « *fond de l'homme* » (17). Tout au plus espère-t-il trouver « *une image de lui-même dans les questions qu'il pose* » en édifiant des personnages qui deviennent les instruments d'une recherche, sinon d'une révélation, sur l'homme de son temps, de là il tend à déboucher sur une problématique plus générale, comme l'indique le titre à résonance pascalienne : *La Condition humaine*. Au cours du colloque des *Noyers de l'Altenburg*, Malraux fera dire à l'un des participants que le rôle de l'artiste n'est pas d'étudier la psychologie des individus, mais de « faire passer » une certaine « prédication » sur le sens et la nature de la vie. Mais pour que cette prédication acquière une valeur aux yeux du lecteur, il faut la lier à des personnages à l'existence desquels ce dernier puisse croire :

– [...] Dostoïevski [...] se sert avant tout de moyens psychologiques. Mais la découverte psychologique, le relief psychologique jouent exactement chez Dostoïevski le rôle que le relief plastique et l'imagination jouent dans *Robinson*! [...] Ces découvertes psychologiques tendent toujours à nous faire croire à autre chose qu'à elles-mêmes : [...] – à la valeur d'une prédication.

[...] le grand artiste tire son personnage de ses découvertes. Sa psychologie, c'est une introspection au service d'une prédication!

(*N*, 1001-2)

En définissant ainsi la nature des personnages en général, l'auteur, selon son habitude, définit les siens. Pour faire passer ce qu'il appelle sa «*prédication*» Malraux se soucie simplement de leur donner un minimum de crédibilité et traite avec désinvolture le problème de leur autonomie, qui a passionné la plupart de ses contemporains romanciers. Il ne croit pas à l'obligation de créer des personnages nettement décrits et fortement individualisés pour fonder la qualité d'un roman.

Mais si «*l'autonomie des personnages, le vocabulaire particulier donné à chacun*» (n. 10, pp. 38–41[31]) ne sont pas, à ses yeux, des nécessités, il reconnaît que ce «*sont de puissants moyens d'action romanesque*», et concède que cette illusion d'autonomie est un «*privilège du génie*». De tous les romans de Malraux, *La Condition humaine* est probablement celui où cette illusion est la plus puissante, à travers des individualités nettement particularisées par leurs actes, leurs caractères, leurs propos. L'examen du manuscrit permet de voir comment il la met en place sciemment, en toute lucidité, pour créer «*un monde cohérent et particulier*». «*Non faire concurrence à l'état civil, mais faire concurrence à la réalité*». Il introduit dans son roman les éléments indispensables pour créer l'illusion et le vraisemblable. Évidemment dans la manière dont ceux-ci sont conçus, se glisse et se révèle la subjectivité de l'imaginaire social propre au romancier.

Cette illusion, Malraux la donne pour ce qu'elle est ; il n'a guère prêté la main au petit jeu des clefs, auquel invitaient ses romans au fondement historique. Point de confidences de sa part dans ce domaine ; il se contente de citer, en particulier dans ses *Antimémoires*, avec une curiosité amusée, les sources réelles ou supposées telles, qu'on a attribuées à certains de ses personnages, mais sans prendre la peine de les infirmer ou de les confirmer ; la question, de toute évidence, est pour lui sans intérêt. Seule compte la preuve que la machine à rêve a bien fonctionné. En lisant les Mémoires de Clara Malraux, qui ont contribué à accréditer certaines de ces sources (derrière Tchen se profilerait l'Annamite Hin, collaborateur de *L'Indochine*, qui avait décidé d'assassiner le gouverneur de Cochinchine, Cognacq...[32]), on se demande jusqu'où peut aller l'influence d'un héros imaginaire sur la manière qu'ont les hommes de se remémorer leur passé ; et qui doit le plus à l'autre, du modèle ou de la créature de fiction !

On ne trouve pas, en tout cas, dans le manuscrit, sous la forme par exemple des notes marginales de Stendhal, la trace d'un de ces nombreux rapprochements avec des individus ou des situations empruntés au monde réel que les commentateurs ne se sont pas privés d'imaginer. À propos de l'Eurasien Kyo ont été invoqués tour à tour les noms du cofondateur de *L'Indochine*, le métis Dejean de la Batie, celui de Chou En-Lai (que son rôle à la tête du mouvement ouvrier de Shanghai dans les premiers mois de 1927 a fait assimiler au fils de Gisors, chef de l'insurrection de Shanghai, sans qu'il y ait rien de commun entre leur tempérament et leur ligne de pensée), enfin celui de Kyo Komatsu, jeune écrivain japonais – on se souvient que Kyo est né d'une mère japonaise – avec lequel Malraux s'était lié lors de son séjour à Paris. Ferral devrait quelques traits au frère de Philippe Berthelot, André, banquier en Chine dans les années Vingt, et Clappique à un journaliste de *Marianne*, René Guetta, dont il emprunte l'élocution particulière et les tics verbaux ; Gisors devrait à Gide et à Groethuysen, Kama au peintre Koichiro Kondo... Or à voir se constituer dans le texte, par tâtonnements progressifs, ces figures, on mesure l'absence de pertinence de ces rapprochements. Tout au plus les personnages épisodiques sont-ils sans doute nés, comme chez tous les romanciers, de souvenirs diffus et épars, en relation d'imitation commode avec la réalité extralinguistique.

*

L'ontologie du personnage reflétant celle de l'homme, l'auteur le dote d'une identité, d'une apparence, d'un passé, d'un statut social. Choix d'abord d'un nom, premier stade de l'individualisation ; *une chose capitale* disait Flaubert, et dont joueront, de manière systématique, les romanciers de la génération suivante, les Robbe-Grillet, Ricardou, Beckett... dans leur tentative de dégradation volontaire du personnage[33].

Or prénom et patronyme, chez Malraux, ne sont pas déterminés d'emblée : ils font fréquemment l'objet de tâtonnements. Ou bien ils sont laissés en blanc, parfois jusqu'à un stade avancé de la rédaction de la scène où ils apparaissent – mais il s'agit dans ce cas plutôt de personnages très épisodiques, comme ce Lenglen, avec lequel May a couché (Ms, 62), ou d'une seconde dénomination pour des personnages plus importants comme Valérie, dont le prénom est complété par le nom de *Madame Serge* seulement dans l'originale (Ms, 304 / Or, 254) – ou bien ils sont modifiés assez vite en cours de rédaction. On est loin des hésitations d'un Zola autour du prénom de l'héroïne de *Au Bonheur des Dames*, de ses listes de noms propres aboutissant au choix des Rougon-Macquart, des répertoires d'un Victor Hugo pour *Notre-Dame de Paris*. Pour l'auteur de *La Condition humaine*, cela n'est qu'un élément de la cohérence du texte, qu'il s'agit de régler.

Le premier jet de cette aventure chinoise donnait aux héros des noms à résonance française : Kyo se prénommait d'abord *Georges* (Ms*A*, 16), Hemmelrich *Dugay* (Ms*A* et *B*, 14, 16, 19 et 246-7). Cette observation ramène à sa juste valeur la coloration exotique de l'œuvre. D'ailleurs, quand au moment de la parution du roman on reproche à l'auteur l'inauthenticité de ses Chinois, celui-ci répond : «*c'est vraiment une plaisanterie*» ; à part les personnages épisodiques, «*tous faits de souvenirs*», il affirme qu'«*il n'y a pas d'autres Chinois dans ce livre*»[27] que Tchen. Encore, ajoute-t-il, «*j'ai pris soin de dire que Tchen n'était Chinois que comme un négatif photographique représente une personne. Ce type de Shanghai a cessé d'être Chinois (la plupart de ces hommes ne savent pas lire les caractères.)*». «*Tchen est de la famille de mes autres héros, je le tiens pour* choisi *par moi, mais non pour faux*». Cette affirmation de l'auteur se retrouvait, de manière explicite, dans le texte manuscrit et jusque sur les épreuves de l'originale ; au cours de l'échange entre Kyo et Katow, inquiets du péril auquel va s'exposer Tchen en jetant sa bombe sur ce qu'il croit être la voiture de Chang-Kaï-Shek, figurait cette remarque :

– Les Chinois sont prudents, en général, reprit Katow.
– Il n'est plus Chinois, répondit Gisors...

(Ms, 285 et épreuves >Or, 241)

On observe un flottement certain sur l'orthographe des noms chinois de personne ou de lieu : le bateau sur lequel s'opère la saisie des armes par Kyo et ses compagnons est nommé le *Shantung* (Ms, 37), puis le *Shan-Tung* (38), l'appontement *Yan-Tang* (40) devient *Yen Tang* (Or, 43) ; Shanghai est parfois écrit *Changhai* (Ms, 121) etc. On note aussi une tendance à réexploiter les mêmes dénominations : dans le manuscrit, Peï s'appelait d'abord *Ling* (Ms, 244), comme le héros de *La Tentation de l'Occident* ; et *Tang-Yen-Ta* (73 et 95), l'intermédiaire trafiquant d'armes tué par

Tchen, *Tchang Hou-To* (5, 7), rappelant le Tchang Daï des *Conquérants*.

Déjà dans le traitement de ce personnage se manifeste l'effacement du pittoresque et de la précision locale au profit du drame dans sa portée la plus générale ; l'anonymat du dormeur est volontairement recherché, sans doute pour donner une valeur symbolique au geste de Tchen qui donne la mort avec un mélange d'horreur et de fascination. Le nom de Tchang Hou-To noté dès la première apparition du personnage (Ms, 5) est corrigé en : « *le dormeur - l'homme couché* », il subsiste plus loin (7), mais disparaît complètement de la scène dans l'originale où la victime n'est plus désignée que par « *un corps - de la chair d'homme - l'homme - cet homme - ce corps - cette tête* » (Or, *passim*). Il sort de l'anonymat beaucoup plus loin, au cours de l'entretien entre Tchen et Gisors à propos du meurtre du jeune terroriste, puis au moment de la saisie des armes, à la fin de la Première Partie.

Dans ce roman cosmopolite, Malraux hésite dans le choix des nationalités à attribuer à ses personnages ; le représentant de l'Internationale, Possoz, est désigné sous le nom de *Gomez* lors de ses deux premières apparitions ; ce patronyme en remplace un autre impossible à déchiffrer sous les ratures, puis il est laissé en blanc dans la suite du récit, avant d'être complété au crayon sous sa forme définitive. De même le chef de la Sûreté de Chang-Kaï-Shek, König, n'est pas désigné au cours de son entrevue avec Clappique (Ms *D*, 355-66). Malraux pouvait imaginer toutes les nationalités pour cet individu qui s'est infiltré dans les rangs du Kuomintang afin d'y trouver l'occasion de régler ses problèmes personnels et de se venger d'une humiliation intense. Le nom de König, pour désigner cette victime d'une « *intoxication totale que le sang seul assouvissait* » (Ms, 366) n'apparaît que dans l'état *E* du texte (357 et 384-7).

*

Comment campe-t-il ses personnages dans leur réalité physique ? La critique a toujours souligné le peu de réalité corporelle attaché à ses héros, la rareté du détail qui peint. Gaëtan Picon a tenté, un des premiers, d'interpréter ce manque :

Pourquoi ne parvient-il pas à rendre sensible ses personnages ? C'est sans doute qu'il ne le veut pas : la réalité physique participe de cette zone de l'humain qu'il veut écarter. Pudeur, honte quasi religieuse du corps comme T. E. Lawrence ? Plutôt une sorte de ressentiment à l'égard de tout ce qui entrave la volonté et l'esprit. Le corps fait partie du destin et son mépris s'adresse moins à la sensualité qu'à la trahison de l'énergie. (p. 63[31])

Malraux, lui répondant, s'en tire par une dérobade en affirmant que nous nous leurrons sur la précision de la vision corporelle chez les romanciers qui passent pour avoir le mieux rendu sensible la réalité physique de leurs héros, et de citer Balzac et Stendhal.

Or cette œuvre, déjà estimée si pauvre en détails concrets, l'était encore davantage dans son premier jet ; Malraux, pour satisfaire aux lois du genre, ajoute après coup ses portraits comme des appendices indispensables, et tente de les étoffer à chaque nouvel état, et jusque sur les épreuves de l'originale.

Les indications qui décrivent les êtres apparaissent surtout en marge du manuscrit, entre les lignes, par collage d'états postérieurs. Ainsi en est-il du premier portrait d'Hemmelrich (encore dénommé Dugay). On lit dans une sorte de phylactère en bas de page : « *le crâne chauve et les grosses moustaches gauloises de Dugay* » (Ms, 16), celui-ci biffé est remplacé par le texte d'un second ajout : « *la tête de boxeur crevé d'Hemmelrich : tondu, nez cassé, épaules creusées* ». De même, le second portrait de

Kyo (49) fait partie du brouillon *D* complétant l'état *B*, plus ancien, où figure l'essentiel : le dialogue et l'analyse des rapports entre le héros et son père. Constatation identique pour celui de May (60, *D* mêlé à *B*) : collage aussi, ce portrait de Ferral rédigé d'une couleur d'encre noire plus pâle que le texte qui l'encadre : « *en dépit de ses cheveux rejetés en arrière, le visage-yeux gris, nez busqué, moustaches tombantes* [...] *il n'avait renoncé qu'au monocle* » (104) ; il est complété dans la marge à l'encre bleue : « *les moustaches obliques qui semblaient prolonger la ligne tombante de la bouche* [...] *dissolvait mal le savon* »[34]. Il faudrait encore signaler un même type d'élaboration à propos du portrait de Vologuine (185-6 et 194), du jeune Chinois que Katow rencontre dans un *tchon*, organisation de combat communiste, à la recherche de renforts (40)...

Quand le portrait figure dès le premier jet de l'écriture, il est étoffé, comme on peut le voir dans le portrait de Tchen observé par Gisors ; celui-ci se souvient que son fils Kyo avait conservé la photo d'un épervier de bronze égyptien

> par sympathie pour [T]chen, « à cause de la ressemblance ». C'était vrai, malgré |*le masque plat*| ⁺| ce que les grosses lèvres semblaient exprimer de bonté. « En somme, un épervier converti par François d'Assise », pensa-t-il|. (Ms, 73)

Enfin, même entre le manuscrit et l'édition originale on observe encore des additifs de cet ordre. Dans la scène du *tchon*, à propos de Katow, on lit :

> [...] mais le regard fixé sur |*les arrivants*| lui. Ils maniaient des grenades de différents modèles. (Ms, 40)

> [...] mais le regard sur lui, |sur la haute silhouette connue de tous les groupes de choc : jambes écartées, bras ballants, vareuse non boutonnée du haut, nez en l'air, cheveux mal peignés|. Ils maniaient des grenades de différents modèles. (Or, 43)

Cette présentation du personnage est souvent déplacée entre le manuscrit et l'originale, de façon à figurer plus tôt dans le texte. Ainsi la version imprimée regroupe plus nettement au début du dialogue entre Gisors et Tchen les détails descriptifs qui concernent le jeune homme. Elle nous offre d'emblée les portraits de Lou-You-Shuen, Hemmelrich et Kyo, dès que Tchen retrouve ses compagnons en pénétrant dans le magasin de disques ; en mettant au début de la séquence ces portraits à l'emporte-pièce qui se trouvaient plus loin dans le manuscrit, l'auteur dessine une certaine image des acteurs dès leur entrée en scène (Ms 16 / Or, 18-9) ; il comble, le plus rapidement possible, selon les critères du récit « réaliste », le vide sémantique qu'offre un nom propre lors de sa première apparition.

Dans ces portraits aucune « idolâtrie de la réalité ». Quand Malraux prend la peine de décrire, sa démarche est presque toujours la même : il pose quelques données initiales, accolées au nom du personnage dès qu'il en est question, puis reprend de place en place quelques éléments de ce premier aperçu pour accréditer l'existence du personnage en donnant au lecteur l'impression du déjà vu, à partir de détails arbitrairement choisis, souvent extérieurs à la personne, coupe de cheveux, vêtements... Ces derniers sont décrits dans *La Condition humaine* avec une précision qu'on ne retrouve dans aucun autre roman de l'auteur. Ces notations de vêtements, d'ordre « réaliste », sont pour la plupart des apports de dernière minute, encore absents du manuscrit :

+|Il passa sa vareuse dont il ne boutonnait jamais le col, tendit à Kyo le veston de sport accroché à une chaise.| (Or, 26 > Ms)
+|Un garde examina Kyo, vêtu d'un chandail gris à gros col.| (Or, 160 > Ms)
+|À l'exception des bottes, l'uniforme modifiait peu l'aspect de celui-ci [*Katow*]. Sa vareuse militaire était aussi mal boutonnée que l'autre. Mais la casquette, neuve et dont il n'avait pas l'habitude, dignement posée sur son crâne, lui donnait l'air idiot. « Surprenant ensemble

d'une casquette d'officier chinois et d'un nez pareil ! » pensa Kyo. Il faisait nuit...

– Mets le capuchon de ton ciré, dit-il pourtant. | (Or, 84 >Ms)

Ces syntagmes descriptifs ponctuent le texte de l'originale de place en place : on retrouve souvent le chandail de Kyo (Or, 32, 173, 181...), Possoz est « *en costume kaki civil* » (179), Kama est « *en kimono* » (224), Gisors « *toujours vêtu de sa robe de chambre* »...

Dans son souci de camper à moindre frais ses personnages, l'auteur marque une nette attirance pour les notations insolites qui suscitent la surprise, se mémorisent facilement et singularisent les individus. C'est pourquoi les portraits, qui créent l'illusion de la précision par quelques formules pleines de relief et de pittoresque, relèvent plutôt de la caricature. Tous les traits appuyés, superlatifs, ignorent la banalité ; ils sont, on le sait, empruntés au registre animalier (épervier, aigle, pékinois...) ou à la tradition populaire tragique ou comique (Polichinelle, Guignol ou Pierrot). Le travail de l'écriture confirme, si besoin était, que ces portraits ne recouvrent ni vision précise, ni modèle réel mais le seul souci du détail, interchangeable pourvu qu'il soit à fort relief. Liou-Ti-Yu, le vieux et puissant banquier chinois avec lequel Ferral tâche de s'entendre, est décrit par un ajout entre les lignes, d'abord sous l'aspect d'une « *grenouille* » (Ms, 151), puis sous celui d'une « *puissante tête de nègre avec plus d'intelligence, moins d'yeux, plus d'os* » (152) ! Cette phrase est barrée puis reprise plus loin. L'originale conservera la première comparaison sous la forme : « [...] *Liou-Ti-Yu, en effet, attendait. Tout le visage était dans la bouche et dans les mâchoires : une énergique vieille grenouille.* » (Or, 130). Cette comparaison était plus appuyée dans le manuscrit où elle était reprise une seconde fois – « *Liou cracha, comme un énorme crapaud chinois en défense* » (Ms, 155) – tout comme le rapprochement du personnage de Clappique avec les Pieds-Nickelés en raison du carré de soie noire qui protège son œil meurtri (Ms, 28 et 263). Dans l'originale disparaissent parfois des traits qui ne sont pas en situation[35] ou sont trop caricaturaux : dans la scène où Ferral affronte les représentants des banques de crédit, on lit à propos de l'un d'eux :

[...] un autre délégué au nez plat, aux yeux en bouton de guêtres [...]. (Ms, 413)

[...] un autre représentant au visage mince et fin [...]. (Or, 380)

Parfois la même veine d'un pittoresque un peu facile ou farfelu vient combler un détail descriptif laissé en blanc, dans l'attente d'une formule heureuse :

Un passager de pont, Russe au visage [*un blanc*] s'approcha de lui : [...]. (Ms, 391)

Un passager de pont, Russe à la tête en fève s'approcha de lui : [...]. (Or, 351)

Cet aspect caricatural dans l'évocation des apparences est souligné dans le manuscrit par de petits croquis en marge dont Malraux est coutumier : profils assez carrés, esquissés en face du texte qui évoque l'arrivée de Kyo dans la maison de son père, peu avant que ne soit décrit « *le masque d'abbé ascétique* » (Ms, 49) du vieux Gisors ; autre dessin, d'un visage de Chinois à barbiche pointue et yeux bridés, en marge de la scène chez le marchand d'antiquités avec lequel Tchen discute de l'achat éventuel de petits bronzes de fouilles pour donner le change en surveillant la rue où doit passer la voiture de Chang-Kaï-Shek.

L'auteur redistribue indistinctement entre ses personnages des prédicats qualificatifs hauts en couleur, mais très modérément « réalistes », tel ce masque de peau-rouge attribué à un Chinois, « *Souen-nez busqué, Chinois du type indien* » (Ms, 235) ! On trouve par exemple des corrections de cet ordre :

|*le masque de peau-rouge de Souen*| + |le profil d'épervier de Tchen| et la tête |*bonasse*| + |rondouillarde| de |*Ling*| Peï, (Ms, 244)

le profil d'épervier bonasse de Tchen et la tête rondouillarde de Peï, (Or, 208)

Les personnages de *La Condition humaine* usent d'ailleurs très généreusement du déguisement ; leurs apparences changent avec les rôles successifs qu'ils endossent. Là encore, ces indications sont souvent des ajouts sur le manuscrit ou de l'édition originale par rapport au manuscrit. Tchen revêt une tenue à l'européenne, « *sans col, mais en chandail de belle laine* » (Or, 16-7) pour passer inaperçu dans le grand hôtel international où il commet un meurtre ; plus tard on le retrouve combattant aux côtés des ouvriers des filatures vêtus de toile bleue, et, en addition interlinéaire, on lit : « *il portait leur costume* » (Ms, 119). La position particulière de Tchen est soulignée dans un paragraphe ajouté dans l'originale (« *Il n'était pas des leurs* [...]. » (Or, 106)) qui met l'accent sur sa solitude et son incapacité à s'intégrer à ce groupe de combattants ; puis nouvel ajout : on y fait le bilan des combats des autres sections, et tandis que ses compagnons acclament l'un des leurs (le typographe Ma), Tchen « *les regarda. Le monde qu'ils préparaient ensemble le condamnait, lui, Tchen, autant que celui de leurs ennemis. Que ferait-il dans l'usine future embusqué derrière leurs cottes bleues ?* » (120). Le costume est repris comme signe de sa marginalité par rapport aux prolétaires dont il partage la lutte en adoptant leur apparence. Nouveau « *déguisement* » (197) pour réaliser l'attentat contre Chang-Kaï-Shek : il remet un veston. Impossible pour Tchen de se situer et d'être lui-même sous ces multiples tenues d'emprunt, pas plus que pour Clappique qui finit sous un costume de marin.

Jeu de déguisements en cours de récit, mais aussi masques à valeur emblématique qui resservent d'un roman à l'autre, comme dans les emplois traditionnels du théâtre populaire. Malraux campe ses créatures en quelques traits symboliques et appuyés, sans s'attarder longtemps à la recherche de ces particularités propres au roman d'analyse. Il joue des associations d'idées, des connotations de mots plutôt qu'il ne tend à faire se lever une vision, une forme perceptible. Ainsi, il gratifie d'une allure de prêtre toute une série de personnages masculins : un communiste intransigeant ou inquiétant comme le Nicolaïeff des *Conquérants*, le Vologuine de *La Condition humaine*, ou Heinrich de *L'Espoir*, un artiste, le peintre Kama de *La Condition humaine*. À propos de ce personnage, on voit dans le manuscrit combien l'assimilation de l'Artiste au ministre du Culte était encore plus insistante (Ms, 264 / Or, 224). C'est la transposition sur le plan des apparences d'une association d'ordre moral. En effet, communisme et art sont aux yeux de Malraux, avec des nuances importantes selon les époques de sa vie, les valeurs refuges dans un monde privé d'idéalisme et de foi, une monnaie de l'absolu. Dans ce domaine, comme au sein de l'Église, il y a les bons et les mauvais prêtres! Ce renvoi à un type social précis, sorte d'emploi stéréotypé, riche en signification dans notre culture, sert d'ancrage au personnage. Le mode de relation de celui-ci à autrui et au réel est prédéterminé par cette simple comparaison avec un ecclésiastique[36].

Il faudrait encore évoquer dans cette optique les descriptions du cadre de vie des personnages, progressivement étoffées, telle la description du studio moderne de Ferral et des objets d'art qui ornent ce lieu. Dans l'orchestration de ces retouches qui enrichissent le texte en détails concrets, se manifestent les tentations contradictoires qui partagent le romancier : un respect certain du réalisme conforme à la tradition du genre et un anti-mimétisme profond, dont les professions de foi s'expriment dans *La Psychologie de l'Art*[37].

En revanche il semble plus à l'aise quand il s'attaque à ce qu'on peut appeler le « portrait dramatique » du personnage ; il note avec soin les mouvements, les mimiques, les intonations des personnages en action. Ce sont ces indications qui donnent une indiscutable présence au corps, en particulier dans les scènes dialoguées, dont le contenu philosophique et métaphysique très dense risque, par moments, de nous faire perdre de vue l'existence des hommes. Ici, Malraux porte en marge, en face des confidences graves et inquiétantes que Tchen fait à son ami Kyo, tout en marchant à ses côtés dans les rues de Han-Kéou endormies, quelques indications concernant leurs gestes, leur silhouette à peine visible dans la nuit (Ms, 211). Là, il ajoute entre le manuscrit et l'originale des précisions sur les jeux de scène qui accompagnent le dialogue où le jeune terroriste Tchen, devant son maître Gisors, exprime le trouble où l'a plongé son premier meurtre.

Celui-ci [*Gisors*] le regardait, +|ses cheveux blancs semblaient plus longs à cause du mouvement en arrière de sa tête. Comme toujours lorsqu'il réfléchissait il| roulait entre ses doigts une invisible cigarette (Ms, 75)

Celui-ci le regardait +|de bas en haut|, ses cheveux blancs [...] du mouvement en arrière de sa tête, +|intrigué par son absence de gestes. Elle venait de sa blessure, dont Tchen ne lui avait rien dit ; non qu'il en souffrît (un copain infirmier l'avait désinfectée et bandée), mais elle le gênait|. Comme toujours lorsqu'il réfléchissait, Gisors roulait entre ses doigts une invisible cigarette : [...]: (Or, 70-1)

Autant d'indications concrètes qui donnent une illusion d'existence physique à ces êtres de pensées, notations secondaires par rapport au contenu des dialogues mais qui ont pour effet de particulariser et d'incarner. On pourrait relever bon nombre de notations du même type.

Parmi les détails contingents retenus pour l'individualisation, il faut faire une place à part à la voix, d'autant qu'un très grand nombre de scènes des romans de Malraux se déroulent dans l'obscurité. *La Condition humaine* ne fait pas exception à cette inclination marquée de l'imaginaire malrucien. La nuit y gomme les traits et dérobe les acteurs les uns aux autres mais la voix permet de percevoir quelque chose de leur nature profonde. Elle représente la manifestation matérielle de la part intellectuelle des êtres, le canal d'expression de leur dimension spirituelle. On comprend qu'elle occupe une telle place dans cette vision d'intellectuel mettant le plus souvent en scène d'autres intellectuels, comme d'ailleurs chez Gide ou Proust. D'un état à l'autre, l'auteur multiplie les notations de timbre, de débit, de nuances dans les dialogues qui tentent de cerner une pensée subtile, livrant la vérité de l'homme avec son concours ou à son insu.

Le romancier trouve là le moyen de donner des informations sur les sentiments, les émotions des êtres, sans pour autant renoncer à la focalisation externe de la scène représentée et sans verser dans l'analyse. Malraux est encore loin de l'application dans la littérature européenne des théories behavioristes américaines, qui conduisent à s'interdire tout accès à la conscience. Sa propre écriture tend simplement à développer un certain « sensualisme » du mode d'approche de la personne. Avec la conviction que nous n'abordons jamais les autres que de l'extérieur, il réduit la part faite à l'exposé des motivations psychologiques au profit de la notation des gestes, des actes, des intonations, selon une démarche proche de l'esthétique cinématographique. C'est apparemment en toute conscience que Malraux accorde tant d'attention à la voix. Dans son *Esquisse d'une psychologie du cinéma,* il écrit à propos de Stendhal : « *Celui-ci pensait beaucoup plus à caractériser Julien Sorel par ses actes que par le ton de sa voix, mais le problème de ton passe avec le XXe siècle au premier plan du roman* » (chap. V) [38].

Pour les personnages secondaires en particulier, la manifestation physique de la parole reste un élément important d'identification par le mode de diction, le registre de la langue. Mais l'auteur joue de la commodité des tics sans donner toujours aux personnages une parole propre et identifiable. Clappique, Katow, Tchen, et même le colonel envoyé de Chang-Kaï-Shek en sont pourvus mais ces particularités – qui apparaissent d'abord comme éléments physiques avant de basculer très vite vers la notation psychologique ou morale – ne figurent souvent pas dans le manuscrit : ainsi en est-il de la fréquence de certains adverbes comme *absolument* qui passait «*dans toutes les langues que parlait Katow*» (Or, 43 et *passim*) et des élisions de voyelles qui ponctuent les propos de celui-ci, leur donnant un débit particulier[39] ; y manque évidemment le commentaire de cette singularité. Même constatation en ce qui concerne le ton, l'accent, la structure des phrases de Tchen, et ces gutturales qu'il ajoute aux monosyllabes à voyelles nasalisées[40]. Dans l'originale même, l'auteur se lasse assez vite de reproduire ces déformations dans tous les discours des personnages en question ; elles réapparaissent dans les moments les plus dramatiques, quand par exemple Tchen annonce à Katow et à Kyo son intention d'exécuter Chang-Kaï-Shek, accusé de confisquer la Révolution au profit de la bourgeoisie.

Plus intéressant est l'effort continu de l'auteur pour donner à ses personnages un discours en accord avec leurs expériences et leur condition : ainsi, pour exprimer son sentiment d'une nécessaire soumission aux ordres du Komintern, Possoz, ex-ouvrier de La Chaux-de-Fonds, use de cette comparaison : «*J'ai travaillé dans les montres quinze ans : je sais ce que c'est que des rouages qui dépendent les uns des autres. Si on n'a pas confiance dans l'Internationale, faut pas être du Parti*» (Or, 183>Ms) et l'auteur place dans sa bouche une «*expression suisse*» : «*comme que comme*» (182). Il fait subir au dialogue entre Katow et Hemmelrich, plein de rage contre sa vie et de remords pour avoir refusé d'héberger quelques heures Tchen et ses deux compagnons, une série de retouches en ce sens. L'originale accentue, grâce à quelques expressions franchement argotiques ou populaires, le niveau de langue familier donné aux propos d'Hemmelrich ; ces expressions deviennent le signe de sa condition sociale :

Je me fais l'effet d'un bec de gaz sur quoi tout ce qu'il y a de libre dans le monde vient lever la patte.
(Ms, 298)

Je me fais l'effet d'un bec de gaz sur quoi tout ce qu'il y a de libre dans le monde vient pisser.
(Or, 247)

Non, c'est pas pour nous, tous ces baths petits coïts ambulants qu'on voit passer dans la rue...
(Or, 245 >Ms)

Le romancier fait disparaître de cette scène quelques répliques peu vraisemblables sous l'angle de la psychologie donnée jusque-là au personnage. Il reprend dans le même sens le dialogue entre Katow et Hemmelrich, quand, encore sous le choc de la découverte des siens massacrés, celui-ci éprouve l'obsession d'avoir leur sang sur les mains. Il supprime également les commentaires de narrateur un peu trop appuyés de ce genre :

Le ton d'Hem. ne correspondait pas à la progression un peu théâtrale de son masochisme. Ces deux derniers mots semblaient venir moins d'une ironie rageuse que d'une hésitation, comme s'il n'eût su s'il allait glisser vers l'abandon ou vers la colère. (Ms, 295-6 >Or)

Ce désir d'incarner l'aventure existentielle de ses personnages dans le concret se traduit également par les très nombreux ajouts dans l'originale, qui relèvent du réalisme physiologique, tendant à faire de ces créatures d'idées et de passion des êtres de chair. Ainsi en est-il de toute la série des notations, absentes du manuscrit, concernant la blessure que Tchen s'est volontairement faite au bras avant de frapper l'homme endormi, dans la première séquence du roman. Le jeune homme s'observe dans une glace et remarque que le meurtre n'a laissé «*aucune trace sur son visage*», «*seul son bras, gluant dès qu'il le pliait, et chaud...*» (Or, 17>Ms). En tête de la séquence suivante, il hèle un taxi et la version originale ajoute «*une voiture fermée, où il lava son bras et le banda avec un mouchoir*». L'auteur reviendra plusieurs fois encore dans l'originale sur la blessure du héros (19, 20, 70, 71...). Dans le dernier rappel qui en est fait, Tchen, pour se prouver à lui-même la complète maîtrise de sa volonté, s'est enfoncé dans la cuisse un large éclat de verre : «*Tchen releva son pantalon, banda sa cuisse avec un mouchoir sans laver la blessure – pourquoi* [sic] *faire ? elle n'aurait pas le temps de s'infecter – avant de sortir.* "*On fait toujours la même chose*" *se dit-il, troublé, pensant au couteau qu'il s'était enfoncé dans le bras*» (221).

Même souci du concret dans la recherche *a posteriori* du «petit fait vrai», à la manière de Stendhal, tel ce jeu de lumières sur les verres des lunettes de Peï que Tchen regarde de la boutique de l'antiquaire tandis que son compagnon est assis devant une petite table de bar pour guetter le passage de la voiture de Chang-Kaï-Shek (Or, 204>Ms) ou cette boîte de cigarettes que Ferral a toujours ouverte sur son bureau depuis qu'il a décidé de ne plus fumer comme pour «*affirmer la force de son caractère*» (131). Du même ordre sont les détails empruntés à la banalité du quotidien, dont on sait que Malraux ne fait guère sa pâture ; il les introduit après coup, par une série d'ajouts dont le contraste détonant engendre un puissant «effet de réel» : Tchen, après une plongée dans l'univers tragique et intemporel de la mort, redescend dans le monde des hommes qui ne tuent pas et ce «retour sur la terre» s'accompagne d'un geste bien trivial, il «*achèt*[*e*] *une bouteille d'eau minérale*» (17) ; puis il arrive devant le magasin de Lou-You-Shuen : «*Il fallait revenir parmi les hommes... Il attendit quelques minutes sans se délivrer tout à fait*» (18) ; ces hommes vont lui apparaître sous les traits de «*quatre camarades, en bras de chemise*».

*

On a souvent souligné le fait que ces personnages, vivant dans l'instant des drames où s'exerce leur volonté immédiatement liée à la réalisation d'un projet, n'avaient guère de biographie passée. Les confidences diverses de l'auteur à ce sujet prouvent que cette discrète indifférence correspond effectivement à sa vision du destin humain[41]. Le passé anecdotique de ses héros se réduit à quelques brefs détails donnés rapidement au détour de quelques péripéties de l'action, ou lors de leur première apparition. Là encore, on constate que ce sont souvent des additions, plus ou moins tardives. Évocation du passé de Katow[42], de May[43], de Kyo[44] et Hemmelrich[45], de Ferral[46]... Même type d'ajout de détails anecdotiques, dans l'originale, sur le passé de Vologuine (Or, 160), de Souen (220). Quand ces indications biographiques figuraient déjà dans le manuscrit, elles sont souvent déplacées dans ce nouvel état, comme c'est le cas pour May et Ferral. À propos du passé de Katow, Malraux, dans l'originale, supprime une anecdote appartenant à ce passé, qui mettait en valeur son altruisme, son esprit de sacrifice (Ms, 91) ; il traduit les mêmes traits en action dans l'épisode final du cyanure, où Katow épargne à ses compagnons l'épreuve atroce d'être brûlés vifs, qu'il subira lui-même.

Une réflexion attribuée à Tchen dans le récit précise assez bien l'intérêt secondaire aux yeux de Malraux de la biographie des êtres : « " [...]. *Je déteste me souvenir, en général. Et ça ne m'arrive pas : ma vie n'est pas dans le passé, elle est devant moi* " » (Or, 176 >Ms, 210)[47]. Et l'auteur écrit, en guise de commentaire, après la sortie de Clappique qui vient de s'entretenir avec Gisors et le peintre Kama : « *Clap. pour G. n'a pas de biographie : c'est une manière de penser.* » (Ms, 274).

Ces apports divers d'éléments anecdotiques tendent moins à engendrer une meilleure connaissance des acteurs qu'à rendre le récit plus concret. L'auteur lutte, pour se conformer à l'esprit du genre, contre la pente naturelle de son esprit qui tend au maximum de généralité ; il craint à juste titre que ses créatures ne paraissent vides de toute substance. On trouve en marge du manuscrit des commentaires éclairants, à ce propos : en face de l'évocation du passé de la femme d'Hemmelrich, Malraux a écrit : « *concret* » (Ms, 250).

D'après ces mêmes indications, on constate que les personnages demeurent chez Malraux le support de l'intrigue, ces « petites bobines » autour desquelles on peut entourer les « fils divers » de son histoire et la complexité de ses pensées, pour reprendre l'expression de Gide dans son *Journal des faux-monnayeurs*. Dans l'un des rares commentaires qui accompagnent le texte, l'auteur récapitule les séquences en les désignant par le nom de la figure centrale, qui alterne avec des péripéties marquantes : ainsi au verso d'une page on lit la liste suivante :

21. Kama
 |*Le train blindé*|. L'affût
 Ferral
 Clappique
22. Arrivée des Sudistes [*etc.*] (Ms, 163)

En tête de l'unique épisode de *La Condition humaine* où il est question du sens de l'art, de sa puissance contre la mort, des différences entre la culture artistique occidentale et asiatique, Malraux a écrit un nom : *Kama*. Le dialogue où l'auteur aborde les questions qui sont au centre de son œuvre est ainsi construit autour de la figure de ce peintre japonais, qui ne réapparaîtra plus comme acteur ailleurs. Toutefois ce troisième roman tend à s'éloigner de la conception d'un univers romanesque construit sur une figure centrale, sorte de héros épique qui soutient tout l'intérêt comme c'est encore le cas de Garine et Perken dans les deux premiers, *Les Conquérants* et *La Voie royale*, encore proches du roman d'un personnage, type de récit plus réflexif que narratif où se déploie ce qu'on nomme un « caractère ».

Ici Kyo demeure le personnage principal mais les retouches portées sur le manuscrit ou au stade de la première édition développent le rôle des comparses qui l'entourent, de façon à tendre vers l'histoire d'un groupe de jeunes révolutionnaires plutôt que d'un individu particulier. L'auteur parvient ainsi à donner une importance presque égale à Katow, à Tchen. Le nom du premier est substitué systématiquement à celui de Kyo dans la scène du *tchon*, ce qui crée par ailleurs un effet de simultanéité puisque les deux amis poursuivent chacun de leur côté leur action, avant de se retrouver à nouveau dans les rues de Shanghai (Ms, 40-4). Dans l'originale, Kyo n'est plus seul au cours de la visite chez le marchand de poissons vivants, son ami l'accompagne (Ms, 45 / Or, 47). De même la valeur du rôle de Katow s'accroît sensiblement entre le manuscrit et le texte imprimé, au cours de la discussion qu'il a avec Tchen et Kyo, à la fin de la Deuxième Partie. Le personnage s'y montre plus expérimenté et plus averti des contraintes de l'action révolutionnaire que ses compagnons (Ms, 167-76 / Or, 146-52). Tchen surtout devient un acteur de premier plan, d'abord par la place faite, en tête du roman, à la scène du meurtre perpétré par lui, par le rôle central qui lui est ménagé dans la première tentative d'attentat contre Chang-Kaï-Shek. En effet, dans le manuscrit, Souen était le protagoniste de la scène de marchandage conduite chez l'antiquaire pour donner le change jusqu'au passage de la voiture du général. Puis son nom est barré et remplacé par celui de Tchen (Ms, 237-45), sauf dans les premières lignes de l'épisode, sans doute rédigées après la décision de ce changement (236). Il y a complète inversion des deux rôles ; celui de Tchen dans cette opération était secondaire : il faisait le guet et son intervention n'était prévue qu'après celle de Souen et Ling (Peï) : « *Ses grenades n'étaient destinées qu'à l'achever* » (245). Il ne les lance pas, parce que l'abstention de ses camarades lui laisse croire que le général chinois n'est pas dans la voiture.

Si ces actions sont interchangeables, et si Malraux commence à multiplier les figures de premier plan au détriment du « héros » qu'il opposait déjà au personnage en parlant de Garine, c'est parce qu'à ses yeux les romans, avec leurs péripéties et leurs intrigues, sont semblables à ces biographies imaginaires que forge Clappique. La valeur des uns et des autres réside non dans les détails anecdotiques, mais dans le sentiment qui pousse leur auteur à les inventer et dans l'orientation qu'il leur donne : « – *Il y a ceux qui ont besoin d'écrire, ceux qui ont besoin de rêver, ceux qui ont besoin de parler... C'est la même chose.* [...] *mais les romans ne sont pas sérieux, c'est la mythomanie qui l'est.* » (Or, 311). Cette « *mythomanie* », qui s'exprime en particulier dans les personnages de roman, satisfait ce besoin des hommes de donner un sens à leur vie et à leur rêve. Ce qui intéresse Malraux ce n'est pas de peindre des caractères, mais de proposer « *un certain nombre de modes de vie* », comme il l'affirmait déjà à propos des *Conquérants*[48]. Dans *La Condition humaine* on note quelques longs épisodes répartis assez régulièrement et en des lieux « stratégiques » du récit[49], où il n'est plus question du héros Kyo, mais de Ferral ; celui-ci représente une attitude de vie opposée qui polarise alors l'intérêt. Outre la représentation des deux options incarnées par ces personnages, on sent le propos délibéré de l'auteur de ne plus focaliser le récit sur un personnage unique : l'éclairage se porte au cours d'épisodes assez longs sur Tchen, Clappique ou Gisors, et les retouches tendent à accroître le nombre de ces passages, le relief et les nuances des individus en question. Aussi faut-il tenir pour un prétexte tout à fait fallacieux le motif donné dans *Marianne*, en tête de la publication (le 13 décembre 1933, sitôt après l'attribution du Goncourt) d'un épisode présenté comme « Un chapitre inédit de *La Condition humaine* », pour justifier la suppression, dans le roman, de ce passage, d'un érotisme appuyé. Il donnait, nous dit-on, « *une importance trop grande au personnage secondaire de Clappique* ». En fait, il ne figure pas dans le manuscrit où les aventures du baron chez les prostituées prennent une forme souvent elliptique et sont d'une tout autre tonalité, sans rien ôter à l'importance accordée à ce personnage. Toutes les figures sont construites autour de quelques valeurs qui relèvent encore d'une morale personnelle et individualiste ; l'action, la lucidité, la liberté, la fraternité. L'auteur ne fait qu'annoncer dans ce roman la diversification volontaire des acteurs centraux de chaque épisode, qu'il poussera très loin dans *L'Espoir*, en modulant cette fois non plus des valeurs éthiques mais politiques. Cette évolution s'explique en partie par un changement de sa conception de l'homme dans le monde : l'optique individualiste cartésienne ou fichtéenne s'efface au profit de l'homme immergé dans le groupe et façonné par la vie collective. Il finira par camper dans *Les Noyers de l'Altenburg* des personnages « prétextes », porte-parole ou consciences spectatrices de drames qui se jouent très au-dessus d'elles.

*

L'ESPACE

Comme le remarque très justement Julien Gracq, Malraux est un de ces hommes pour qui la Terre compte (voir p. 248[50]). Mais s'il a le goût du dépaysement, il se libère dans ses romans de toute soumission à une exacte morphologie géographique des lieux qu'il évoque. Il n'a rien d'un Zola ou d'un Simenon. Il s'est rendu à Shanghai dans le temps même où il concevait ce roman qui conte le soulèvement fomenté dans cette ville par les communistes, et écrasé sur place à la fin du récit. Puisqu'on y assiste à de nombreux combats de rues, aux déplacements incessants des héros au cœur de la ville, on aurait pu s'attendre à trouver, en marge du manuscrit, quelques plans, quelques schémas des quartiers chinois qui servent de cadre à ces péripéties. Il n'en est rien. La narration n'offre point de ces précisions qui impliquent la toponymie réaliste d'un plan. Les personnages se quittent et se retrouvent au coin de rues qui n'ont pas de nom. Seule l'avenue des Deux-Républiques revient sans cesse chaque fois que s'impose un minimum de localisation, par exemple à propos de l'attentat manqué contre Chang-Kaï-Shek. Cette avenue se situe à la frontière de la ville chinoise et de la concession française. On relève encore quelques rares noms : Nanking Road, avec ses maisons de prostitution, Chapéï et Pootung, couvertes d'usines... L'auteur puise apparemment dans un champ très étroit de réminiscences. Ainsi dans le manuscrit Katow, quittant Kyo : «*À l'hôtel Astor*» (Ms, 48) dit-il au chauffeur. De ce même hôtel Malraux fait la résidence de Valérie, le lieu où «Tout-Shanghai» se retrouve à «l'heure du cocktail». Et plus probablement encore, il recompose un espace fictif avec des images de Shanghai empruntées au reportage d'Andrée Viollis sur la guerre sino-japonaise et son épisode de Shanghai, paru dans *Le Petit Parisien*, de décembre 1931 à mars 1932. Le cadre n'est exploité que pour sa valeur symbolique et non en «choses vues». Ainsi on ne se doute guère à la lecture de la dernière scène du roman, qui se situe à Kobé, que ce port est le lieu où Malraux a connu son premier contact avec la terre japonaise! Cette ville où May, dans l'éblouissement du printemps japonais, vient chercher son beau-père réfugié dans la maison du peintre Kama, l'auteur y débarqua par un petit matin pluvieux, le 7 octobre 1931. Le seul détail concret et pittoresque, qui peut passer pour une réminiscence, dans cette évocation de l'idée de port dans sa plus parfaite généralité, est la présence de pins sombres, par deux fois évoqués. Malraux a dû effectivement rapporter fort peu de notes de son voyage en Orient en 1931, comme le suppose Jean Lacouture! Il lui eût été aisé de se procurer ce type d'informations, mais, comme l'auteur l'a écrit à Gaëtan Picon qui venait de publier une étude sur *La*

Condition humaine, dans une petite revue lilloise, *La Hune* : «*Le cadre n'est naturellement pas fondamental. L'esssentiel est évidemment ce que vous appelez l'élément pascalien.*»[51].

Conscient de ce vague topographique, le romancier est parfois saisi de scrupules : il note en marge du manuscrit, en face du passage où Clappique quitte la maison de Gisors, «*situer la rue*» (Ms, 89), de même, quand le baron marche dans la brume après son entrevue avec König, on lit : «*Spectacle de la rue*» (366) ; mais aucun développement de cet ordre ne figure en ces endroits du texte dans la version originale. Toutefois on trouve quelques rares exemples de précisions géographiques ajoutées au premier état. À la fin du roman, May s'entretient de ses projets avec Gisors :

C'est presque arrangé, paraît-il. Sinon servir comme médecin, si possible. Pourvu que la première chose réussisse...! [*Et en marge*] Je serai à Moscou le (Ms, 417)	C'est presque arrangé, paraît-il. Je serai à Vladivostok après-demain, et je partirai aussitôt pour Moscou. Si ça ne s'arrange pas, je servirai comme médecin à Moscou même ou en Sibérie. Pourvu que la première chose réussisse... (Or, 394)

Comme nous avons pu déjà le constater à propos des *Conquérants*[2] la plupart des apports dans ce domaine ne tendent pas à une description plus réaliste ou plus précise des lieux, qui permettrait une reconnaissance sur le terrain. *La Condition humaine* est d'ailleurs à peine teinté d'exotisme ; Malraux a déjà pris ses distances, en rédigeant le récit précédent, avec la mode du roman exotique, fort en vogue au moment où il était en âge de s'intéresser à la littérature, et illustré par les Georges Groslier, les Claude Farrère... Il a tendance à fuir les notations d'un pittoresque facile. Ainsi, «*des pousse-pousse*» de la version pré-originale (*NRF*, 102) deviennent dans l'originale, simplement «*des passants*» (Or, 15), comme y disparaissent certaines considérations sur les mœurs chinoises (231, 249).

En revanche, les recherches de l'écrivain visent à la création d'une atmosphère. Au cours des longs échanges d'idées d'ordre moral, politique ou philosophique entre protagonistes, de nombreux ajouts dans l'originale tentent de re-situer ces dialogues dans un espace concret, en rappelant de temps en temps leur arrière-plan en de rapides notations. Ainsi une prostituée rencontrée par hasard par Clappique écoute ses étranges propos, et le désespoir qu'elle y sent lui fait croire qu'il va se tuer par amour :

|Une salve crépita au loin. « Comme s'il n'y en avait pas assez qui devront mourir cette nuit », pensa-t-elle.|

Il se leva sans avoir répondu. (Or, 296>Ms, 342)

Cela est une constante des grands dialogues dramatiques du roman ; ce même type de notations replongeant les acteurs dans un décor tangible se trouve aussi dans *L'Espoir*, par exemple dans la grande scène de discussion entre les combattants de Tolède, qui se déroule au musée de Santa-Cruz ou entre les deux amants de l'Art que sont Scali et Alvear...

Dans ces évocations de l'espace environnant, l'auteur fait état surtout des bruits, des parfums, des mouvements de foule sur la terre, de la brume, des nuages et des constellations dans le ciel. Il accroît sensiblement l'importance des sensations d'ordre auditif ou olfactif d'une rédaction à l'autre :

+|L'odeur d'eau croupie, de poisson et de fumée du port – il était très près de l'eau – remplaçait peu à peu celle du charbon du débarcadère| (Ms, 91)

Dans la solitude de la rue discrète où leur pas hésitant ne résonnait pas, le fracas étouffé d'une auto lointaine se perdait +|avec le vent dont la retombée abandonna parmi les odeurs camphrées de la nuit le parfum des vergers en fleurs.| (Ms, 207, en marge)

|une sirène, de nouveau, se perdit au loin| (Or, 48>Ms)

Les indications de couleurs, à proprement parler, demeurent très rares ; l'auteur est obsédé par les effets contrastés d'ombre et de lumière à la Rembrandt. Il poursuit systématiquement les précisions de cet ordre, comme le prouvent certaines directives qu'il se donne en rédigeant ; au début de la rencontre entre Kyo et Possoz par exemple, on peut lire en marge du manuscrit : «*éclairage*» et plus bas : «*la lumière*» (Ms, 213). Cette importance de la lumière a souvent frappé les commentateurs[52]. Ses jeux interviennent sans cesse dans *La Condition humaine*, le plus souvent dès le manuscrit, en particulier dans tous les épisodes les plus dramatiques, où les héros vivent sous la menace de la mort. Ils ont une valeur symbolique évidente, obtenue parfois à l'aide de signes inversés entre lumière/vie et ombre/mort. Toute la Première Partie du roman se passe la nuit, et les déplacements clandestins des insurgés les plongent tour à tour dans l'obscurité naturelle et dans l'éclairage de la lune ou de lumières artificielles plus ou moins éclatantes. Tchen assassine le trafiquant d'armes endormi dans une chambre d'hôtel plongée dans la nuit ; il rejoint ensuite ses compagnons dans la boutique d'Hemmelrich qu'éclaire faiblement la lumière tremblante d'une lampe. Puis Kyo et Katow s'avancent côte à côte dans les rues de Shanghai endormie. Toute la Troisième Partie, comme la grande scène de la Sixième où les insurgés prisonniers attendent la mort, est ponctuée par les notations d'une obscurité croissante. Celles-ci accentuent l'atmosphère d'angoisse tandis que Kyo prend progressivement conscience du caractère désespéré de la situation des insurgés de Shanghai : la nuit tombe sur le port de Han-Kéou quand il y débarque, mais demeure encore «*une lumière sans source qui semblait émaner de la douceur même de l'air et rejoindre très haut l'apaisement de la nuit*» (Or, 158) ; Kyo perçoit «*le dernier éclat de ce soir unique*» (159) qui ressemble à son ultime espoir. Mais quand il a quitté Vologuine et marche avec Tchen, qui lui fait d'inquiétantes confidences, la menace de folie qui pèse sur le jeune terroriste, l'abandon de tout espoir dans la puissance révolutionnaire de Han-Kéou trouvent un cadre approprié : dix heures sonnent dans ces rues désertes «*au fond de la nuit calme et presque solennelle*» (173). Puis Tchen disparaît aux yeux de Kyo, en s'éloignant sur un canot. L'entretien de Kyo avec Possoz se passe dans la ville endormie sous la lumière intermittente et brève du phare de canonnières lointaines, qui porte «*sur le mur blanc du fond leurs ombres énormes*» (180), puis le héros s'en va solitaire dans la paix nocturne d'une ville complètement assoupie, avec au cœur le sentiment de la fatalité et de l'impuissance humaine. La scène du préau commence elle aussi dans une demi-obscurité : «[...] *les ramages de fumée se perdaient jusqu'au plafond, déjà obscur malgré les grandes fenêtres européennes, assombries par le soir et le brouillard du dehors*» (353). Elle est ensuite régulièrement ponctuée de notations concernant l'éclairage du fanal, les ombres dansantes sur les murs, la lumière qui, au fond de la salle, marque la place des condamnés, jusqu'à ce que l'obscurité se fasse «*complète*» (365) et que les hommes conduits les uns après les autres à la mort ne se voient plus. Ces nuances d'ombre et de lumière, se répondant du début à la fin de la scène, contribuent à créer ce climat étouffant, comme un couvercle se refermant peu à peu sur la nuit du tombeau. Même désolation grandissante de la nuit lors du deuxième attentat contre Chang-Kaï-Shek : Malraux établit là encore des correspondances profondes entre décor matériel, état psychologique et situation romanesque des personnages.

Cet emploi constant de la lumière transfigure l'univers décrit et lui donne un aspect irréel : quand Kyo et Katow arrivent dans la boutique du marchand de poissons, on relève dans le manuscrit cette phrase :

|*dans d'énormes jarres, des jarres de 1001 nuits, alignées nageaient ou dormaient sans qu'on les vît, les fameux cyprins chinois*| la seule lumière était une bougie plantée dans un photophore.
[*et, en bas de page, surcharge d'une autre couleur :*]
+|qui se reflétait faiblement dans des jarres qu'elle rendait phospho-

rescentes, alignées comme celles d'Ali Baba, et où dormaient ou nageaient en silence, sans qu'on les vît, les illustres cyprins chinois. | (Ms, 45)

Les Mille et une nuits sont souvent associées à ces évocations lunaires (voir Ms, 336). Malraux fait presque toujours de ces courtes descriptions insérées dans la narration un moyen d'évasion vers une « *vie non-terrestre* » « *la vie d'une autre planète* ».

Le changement de rythme introduit par le mode descriptif suspendant un instant le déroulement d'une action trépidante ou tragique, facilite la fuite dans le rêve d'un ailleurs. Trois villes, trois ports, servent de cadre aux péripéties. Leur description, étroitement mêlée à la narration et donnée par bribes, tend plus souvent à l'évasion qu'à l'enracinement grâce au déploiement de l'isotopie sémantique de l'espace, de l'immensité, de la liquidité : navires en partance, présence de la mer, du fleuve qui s'écoule au loin... Le besoin d'ouverture, d'agrandissement dans le cours d'une histoire si fortement engagée dans les luttes terrestres se manifeste en particulier par la place obsédante faite à la description du ciel. Pratiquement point de description où il n'occupe une place de choix. C'est chez l'auteur presque un réflexe[53]. Il s'attarde sur les mouvements des nuages, la clarté des cieux ou le voile de la pluie, de la brume, des fumées... Ces éléments sans valeur de localisation particulière fournissent au récit d'aventures humaines fortement enracinées dans le temps et l'espace une profondeur cosmique. Caisse de résonance aux sonorités choisies dans les timbres graves, qui fait oublier les limites physiques imposées aux hommes en nous projetant dans une sorte de « *continuum* épuré ».

La même recherche d'évasion suscite dans l'originale un certain nombre d'ajouts qui, sous une apparence descriptive, substituent à la perception de l'espace donné comme réel dans l'univers du roman une impression née de l'imagination qui se projette au-delà du spectacle offert : Katow songe « *aux troupes qui avançaient, fusils brillants de pluie, vers Shanghai roussâtre au fond de la nuit...* » (Or, 47 >Ms). Ou encore l'esprit de Tchen s'évade de cette « *ombre immobile ou scintillante* » (14) qui s'étend à ses pieds jusqu'à « *la mer invisible au loin* » et, celui de Kyo de « *ces énormes ganglions du centre* » (28) de la ville chinoise jusqu'à ces faubourgs couverts d'usines et de misère qui l'entourent, comparés à de « *grandes ailes déchiquetées* ». Ce besoin de donner à toute observation concrète le maximum d'extension se traduit par des petites considérations comme celles-ci, ajoutées dans l'originale à propos du chef de l'association des banquiers shanghaïens en tractation avec Ferral : « *Il ferma les yeux, les rouvrit, regarda Ferral |avec l'œil plissé du vieil usurier de n'importe quel lieu sur la terre| : – combien ?* » (Or, 133 >Ms, 155).

En fait, la description chez Malraux n'est pas destinée à « faire voir », mais à donner le maximum d'écho à l'expérience vécue par les héros. Malraux a parfaitement défini lui-même l'usage qu'il en fait quand il écrit dans *Esquisse d'une psychologie du cinéma* : « *Le romancier dispose d'un autre grand moyen d'expression : c'est de lier un moment décisif de son personnage à l'atmosphère ou au cosmos qui l'entoure* » (Chap. V [38]). Les deux premières descriptions de Shanghai rencontrées dans *La Condition humaine* suffisent pour dévoiler les mécanismes de l'imagination malrucienne. La ville est d'abord observée par Tchen du balcon de la chambre où il vient de tuer : « *Secouée par son angoisse, la nuit bouillonnait comme une énorme fumée noire pleine d'étincelles ;* [...] *dans la déchirure des nuages, des étoiles s'établirent dans leur mouvement éternel qui l'envahit* [...]. *Une sirène s'éleva* [...]. *Au-dessous, tout en bas, les lumières de minuit reflétées à travers une brume jaune par le macadam mouillé* [...]. » (Or, 14). Le narrateur évoque seulement, mais sans le décrire, l'arsenal. Dans la seconde description, Kyo et Katow sortent du magasin de disques d'Hemmelrich : « *Ils abandonnèrent aussitôt l'avenue, entrèrent dans la ville chinoise.* (paragraphe) *Des nuages très bas lourde-*

ment massés, arrachés par places, ne laissaient plus paraître les dernières étoiles que dans la profondeur de leurs déchirures. Cette vie des nuages animait l'obscurité, tantôt plus légère et tantôt intense, comme si d'immenses ombres fussent venues parfois approfondir la nuit. » (Or, 26). Kyo, nous dit-on, connaît si bien toutes les rues qu'il ne marche « *plus dans la boue, mais sur un plan* » (27). En fait de plan, aucune indication précise sinon celle qui concerne l'existence des « *concessions* », des « *quartiers riches, avec leurs grilles lavées par la pluie à l'extrémité des rues* », opposés aux quartiers de la misère. Aucun pittoresque asiatique dans l'évocation de ces « *impasses - ruelles - large rue - rues silencieuses où le profil des maisons disparaissait sous l'averse* ». Autant d'éléments non localisables si le narrateur ne précisait qu'il s'agit de « *la grande pluie de Chine furieuse, précipitée* ». Dans ces deux courtes descriptions on observe le même mouvement, du ciel vers la terre, la prédominance donnée aux phénomènes climatiques, atmosphériques, aux jeux de lumière et aux bruits – seul le sifflet des vedettes nous apprend que nous sommes dans un port ; aucune autre indication de couleur que celle de la « *brume jaune* » (14). L'auteur pratique dans l'originale d'innombrables ajouts de même registre : « |*Comme des nuages très bas, des pans de fumée, dernière vie de l'incendie éteint, glissaient devant lui.* | » (Or, 144 >Ms)...

Il déplace aussi, pour les mettre en valeur, certaines de ces descriptions à l'éclat lunaire, qui font parfois songer à un poème en prose par la cadence et les sonorités de longues périodes envoûtantes à la Chateaubriand, telle cette évocation de Ou-Chang à la nuit tombante, qu'il met au début de la Troisième Partie, au moment où Kyo débarque près de Han-Kéou, « *la ville dont les communistes du monde entier attend*[*ent*] *le salut de la Chine* » (160) :

* |Les ombres se perdaient sur le sol / plus qu'elles ne s'y allongeaient, / baignées d'une phosphorescence / bleuâtre ; / le dernier éclat / de ce

soir unique / qui se passait très loin, / quelque part dans les mondes, / et dont seul un reflet / venait baigner la terre, / luisait faiblement / au fond d'une arche énorme [...]. | (Or, 159)

Démarche de poète plutôt que de chroniqueur de la Révolution chinoise. Pourtant Malraux affirmait à propos des *Conquérants* : « *Toutes mes descriptions sont en fonction de la Révolution* »[54]. Cela reste vrai pour *La Condition humaine*, où la vie des hommes en lutte est toujours au cœur du tableau : le spectacle est focalisé par rapport à un individu dont le combat reste la préoccupation obsédante dans le temps même où il observe.

Si l'auteur se soucie peu de la précision dans l'évocation des lieux, il n'en est pas de même dès qu'il s'agit de mouvement, de déplacements stratégiques au cours des combats. Ceux-ci occupent une place importante et constituent des épisodes étendus, telle l'attaque du commissariat central par Tchen aux côtés des ouvriers des filatures de Shanghai (Ms*B*, 118-42), ou le dernier combat de Katow et d'Hemmelrich, retranchés dans la Permanence, qui termine la Cinquième Partie (Ms*D*, 367-72). Y sont notés en détail les déplacements des combattants, leur situation respective dans le champ de l'action. Mais ces grandes scènes auxquelles Malraux a manifestement apporté tous ses soins auraient été conçues par nécessité, si on en croit les confidences de la lettre qu'il adresse à Charles Du Bos en date du 3 juillet 1933 :

Tout à fait d'accord avec ce que vous me dites des combats. À la vérité, sauf quelques accidents, découvertes imprévues pendant l'écriture ou souvenirs revenus soudain (l'homme attaché dont Tchen coupe les cordes par exemple), je les ai écrits par nécessité. Et la nécessité ne me réussit guère. Je le sais et tente toujours de l'éliminer le plus possible. Je crois que je ne suis « mobilisé » que par une certaine fascination.[24]

Mis à part le traitement de l'espace dans ces scènes de combat, Malraux qui accorde une attention croissante, malgré ses dires, à la guerre, à sa conduite – qu'elle soit idéologique ou stratégique[55] –, retouche presque systématiquement toutes les données chiffrées concernant l'importance des armements, des effectifs, sur le manuscrit ou l'originale, souvent aux deux étapes. De même, il développe les informations concernant le stratagème du montage des disques de propagande, le contenu et la diffusion de ceux-ci, par des ajouts, d'abord dans le manuscrit, puis dans l'originale (Ms, 19 / Or, 23-4). Nous avions fait les mêmes constatations à propos des *Conquérants* en comparant la première édition et le texte préoriginal. Ce souci des données chiffrées s'étend à tous les domaines, qu'il s'agisse de l'évaluation des travaux entrepris en Indochine par Ferral au nom de l'État français, du prix de fibules en forme de tête de renard achetées par Tchen dans le magasin d'antiquaire, des mises successives de Clappique dans la maison de jeu, des tractations autour du renflouement possible du Consortium fondé par Ferral. Toutes ces retouches sont opérées par un évident souci d'adaptation aux réalités concrètes, de vraisemblance, souvent de valorisation des personnages.

*

LA CHRONOLOGIE

Le même souci « réaliste » prévaut pour l'insertion de ces aventures de héros fictifs dans le temps de l'Histoire. Des indications chronologiques, données parfois d'heure en heure, contribuent à l'effet de reportage, de suivi en direct des événements, bien que ceux-ci soient contés au passé. Malraux accorde manifestement beaucoup d'importance à ces informations concernant date, jour, heure, qui sont souvent revues et corrigées sur le manuscrit, ou entre le manuscrit et l'originale. L'examen du premier montre que l'auteur avait tout d'abord prévu de commencer l'histoire dix jours plus tôt : le «*11 mars*» à «*11h1/2*», puis la date est reportée au «*20 mars*» à «*minuit*», enfin, dans l'originale, au «*21 mars 1927*» à «*Minuit et demie*». L'écrasement des communistes de Shanghai étant un fait historique connu, cette date fournissait un butoir chronologique que le romancier n'était pas libre de déplacer à sa guise. Il ne pouvait jouer que dans un sens, pour accélérer le rythme de l'action dont la chronologie est dès le départ très serrée. Les retouches visent à accentuer cet effet. La Première Partie commence à minuit et demie, la Deuxième à 11 heures du matin ; ces quelques heures occupent près de cent pages dans la narration ; la scène du meurtre et la fuite de Tchen durent une demi-heure, alors que le récit donne le sentiment d'une sorte d'arrêt prolongé du temps. Quand Kyo entre au *Black Cat* à la recherche de Clappique, il est « *2 heures du matin* » (Or, 32) et Tchen rend visite à Gisors à « *4 heures du matin* » (56). Dans le manuscrit, ces faits se passaient respectivement à 3 heures, puis à 10 heures le lendemain matin (Ms, 27 et 71)[56], ce qui offrait plus de vraisemblance à la visite d'un disciple chez un maître respecté ; l'auteur est contraint d'insérer une remarque pour justifier par avance cet insolite entretien nocturne (Or, 21), qui permet une plus grande diligence dans la succession des actions. Ces confidences de Tchen sur le trouble ressenti en tuant, toutes proches de l'instant du meurtre, placées au milieu de ces grandes scènes nocturnes de la Première Partie, en deviennent plus dramatiques, et plus dense le sentiment de solitude et d'angoisse chez le jeune terroriste, saisi avant que le jour et l'action ne l'aient rejeté à la vie. Autre exemple d'accélération volontaire : dans la scène où Tchen, en discussion avec l'antiquaire, guette de la boutique le passage de la voiture du général Chang-Kaï-Shek, une série de corrections accentue la vivacité des actions et crée une tension, presque angoissante pour le lecteur, entre le rythme de ce marchandage qui doit absolument garder la respectable lenteur et la courtoisie du rituel chinois, et l'obsession de l'écoulement des minutes, des secondes dans l'esprit du héros porteur d'une bombe enveloppée d'un journal, cachée dans son anodine serviette !

Les modifications portant sur le temps tendent rarement à l'effet inverse. Dans ce cas, l'auteur est guidé par le souci de vraisemblance : par exemple pour laisser un laps de temps plus raisonnable entre le moment où on annonce le départ de Tchen et de l'officier qui combat à ses côtés pour la Gare du Sud, et celui où Ferral apprend, par une conversation téléphonique en tête de la scène suivante, que ce point stratégique est tombé[57].

La Condition humaine reprend la technique de présentation chronologique des *Conquérants* : avec ses datations en tête de partie et de séquence, elle crée l'impression du reportage en donnant au lecteur le sentiment d'un suivi rigoureux des événements dans leur déroulement. En fait ces indications temporelles n'existaient que dans les trois premières parties où elles étaient déjà parfois ajouts au crayon. Ensuite elles s'espaçaient de plus en plus ; elles ponctuaient encore le début de la Cinquième Partie, où on voit Clappique jouer contre la montre la vie de Kyo en s'attardant dans une salle de jeu, tandis que celui-ci l'attend en vain au *Black Cat* avant d'être agressé dans la rue, assommé et enlevé. À partir de cette péripétie où prend fin, par force, l'action insurrectionnelle de Kyo, la précision du temps disparaît visiblement des préoccupations de l'écrivain : on ne trouve plus de date jusqu'à la fin du manuscrit. On quitte cette apparence de reportage historique pour le drame intemporel et tragique de la mort du héros. Dans l'originale toutefois, Malraux a le souci de rétablir une certaine unité : il introduit, à intervalles réguliers, des repères temporels, cela jusque sur les épreuves de l'originale où il complète son canevas chronologique et achève de le mettre au point (placards correspondant à Or, 242, 275, 333 etc.). Il agence les séquences de manière à tirer de leur succession des effets d'ordre et de durée. Tantôt il souligne la simultanéité des aventures vécues au cours de la même nuit par chacun des héros, dans leur sphère d'action : Clappique à son hôtel (1 heure et demie du matin), Katow et Hemmelrich combattant à la Permanence (5 h),

Kyo à la prison de droit commun (10 h), puis de nouveau Clappique essayant de s'embarquer pour fuir Shanghai (4 h), scène du préau où les jeunes héros emprisonnés attendent la mort (6 h). Tantôt il cherche à donner le sentiment de la durée, de l'écoulement des heures : la détention de Kyo dans la prison de droit commun remonte à la veille, bouleversant ainsi la succession temporelle : le héros doit subir dans ce lieu où on l'a jeté, en attendant d'être conduit auprès de König, «*des heures d'uniforme abjection*» (Or, 341). Ce sentiment de simultanéité des aventures vécues par les protagonistes, qui satisfait en même temps le besoin d'extension dans l'espace propre à l'auteur, s'accroît dans l'originale grâce à de très nombreuses additions. Par exemple, au milieu de la description des péripéties du combat de Tchen dans les rues de Shanghai, de brèves informations précisent ce qui se passe en ce même temps en d'autres lieux de la ville où le combat fait rage, d'où l'ampleur et la profondeur spatiale données à cet épisode ; l'auteur y introduit aussi des considérations nouvelles sur l'avenir de l'acteur central Tchen, d'où la profondeur temporelle de l'expérience immédiatement vécue par le héros (Ms, 134-7 / Or, 117-26). Ce va-et-vient de l'esprit vers plusieurs lieux de l'action est obtenu en particulier par l'emploi fréquent de la communication téléphonique. Malraux reprendra le procédé en ouverture dans *L'Espoir* où la situation de toutes les grandes villes d'Espagne, en un même instant, est évoquée à travers les appels lancés du central téléphonique de la gare du Nord à Madrid par Ramos. Dans *La Condition humaine*, la scène entre Ferral, Martial et l'envoyé spécial de Chang-Kaï-Shek, puis entre le premier et le banquier Liou-Ti-Yu est tout entière et régulièrement ponctuée, dans l'originale, de communications téléphoniques qui font état de la progression de l'insurrection dans le même temps. Cela dramatise la discussion entre ces hommes qui se sont réunis pour tâcher de s'entendre et de faire front à cette menace (Or, 126-35).

Tous ces jeux de la simultanéité, de l'ordre et de la durée sont absents du manuscrit. Malraux cependant, fort sans doute des réflexions faites en rédigeant son roman, accorde, en tant que critique, une grande importance à ce montage chronologique, comme on peut le constater d'après son commentaire (publié l'année suivante, dans la *NRF*) du roman de Michel Matveev, *Les Traqués*[58]. Le romancier, estime-t-il, doit au niveau du montage des scènes grouper celles-ci de manière telle que de leur succession naisse chez le lecteur le sentiment de l'écoulement temporel. Dans le cas contraire, l'œuvre reste faible et aboutit «*non à une durée mais à des scènes*», juxtaposition de tableaux sans réel intérêt puisqu'ils ne constituent pas un récit, ignorant le temps. Malraux a conscience que celui-ci est une donnée fondamentale de l'univers romanesque, de même que la «*volonté préméditée*» qui préside à la sélection des faits privilégiés par le romancier pour en faire la matière de son œuvre. Il est encore loin de pratiquer les subtils agencements d'un Butor ou d'un Claude Simon, mais, à la recherche d'un «*accord entre ce que* [*l'œuvre*] *exprime et les moyens qu'elle emploie*» (Préface au *Temps du mépris*, 541), il se sent confronté à des problèmes de mise au point d'un rythme propre au monde tragique, déchiré de conflits politiques et privés, qu'il veut peindre. On le voit ici opter, pour la première fois, pour un montage narratif au rythme volontairement heurté. Au cours de la gestation du roman, Malraux franchit une étape décisive de son œuvre, qui la range dans ce qu'il nommera lui-même l'année suivante une «*littérature de montage*»[58] en train de s'élaborer, pense-t-il. Et il l'oppose à la «*littérature de photographies*». Une nouvelle esthétique se constitue qui va s'accentuer dans *L'Espoir*, où Malraux est conduit à opérer des choix et des agencements plus subtils encore pour donner une valeur artistique à des matériaux documentaires surabondants.

III

VERS UNE ESTHÉTIQUE NOUVELLE

structure d'ensemble

Le manuscrit tel qu'il se présente est déjà à un stade d'élaboration trop avancé pour contenir des plans, des schémas de scènes, etc. Les indications techniques se réduisent à quelques rares commentaires en marge, concernant un projet d'aménagement du texte, une directive qui n'est pas toujours suivie d'effet, ou la signification globale du passage : «*concret*» (Ms, 250) en face de détails anecdotiques concernant la femme d'Hemmelrich ; «*adolescence*» en face de l'évocation de la jeunesse de ce dernier ; «*deviendrai-je fou?*» (210) en face du dialogue où Tchen raconte à Kyo ses angoisses nocturnes... Pratiquement point de jugement de Malraux sur ce qu'il écrit. On est en présence d'un tempérament plus soucieux d'aller de l'avant – d'où l'abondance des abréviations – que de s'autocritiquer!

Comme tout romancier, l'auteur de *La Condition humaine* s'efforce d'établir le maximum de correspondances entre les personnages, les situations de son histoire, pour donner densité et cohérence à cet univers créé. Aussi, entre le manuscrit et l'originale, on constate qu'il resserre les fils de son intrigue : grâce à des ajouts par rapport à la version du manuscrit, il multiplie les liens qui unissent toutes les séquences de la Première Partie avec l'affaire de la prise d'armes sur le *Shan-Tung* (Or, 16, 19-20, 25 etc.) ; on trouve un rappel de celle-ci jusque dans la Quatrième Partie, au moment où le comte Chpilewski, l'indicateur de police, conseille à Clappique de fuir : «*Partez.* |*Il y a une histoire de bateau... – Mais je n'y suis pour rien! – Partez.* [...]. *Le Polonais était décidément renseigné.*|» (Or, 194 >Ms). Ailleurs, Gisors ouvre le tiroir de la table basse où il range son plateau à opium « |*au-dessus d'une collection de petits cactus*|» (Or, 80 >Ms). Après sa visite à son maître, Tchen lui en offrira un et Clappique admirera plus tard «*ce nouveau ppetit caquetusse, sous la table à opium*» (Or, 223 / Ms, 275 : 2e version dact.). L'usage du cyanure qui délivrera Kyo et dont Katow fera le sacrifice, par pitié pour ses compagnons d'infortune, au cours de la scène du préau, est préparé par une réplique, accompagnée d'un commentaire, dans une séquence antérieure, à un moment où la menace qui pèse sur les deux jeunes gens se précise :

– Tu as ton cyanure? lui demanda Kyo au moment où il se retournait.
– Oui.
Tous deux, et plusieurs autres chefs révolutionnaires, portaient du cyanure dans la boucle plate de leur ceinture, qui s'ouvrait comme une boîte. (Or, 241 >Ms)

On a déjà vu, par ailleurs, les rappels placés dans l'originale concernant la blessure que le jeune terroriste Tchen se fait à lui-même lors de la première scène du roman. Ce même état introduit une annonce du personnage de König dans son rôle de chef de la police de Chang-Kaï-Shek avant qu'il n'entre en scène (Or, 128) ; il fait de May le médecin qui soigne le fils d'Hemmelrich (212, 213), de Souen l'un des combattants de la Permanence, assiégés sans espoir de secours (323, 325), dans un rôle encore laissé en blanc dans le manuscrit... L'ombre d'un chat, qui intervient dans les rêveries de Tchen (175 >Ms 210) renvoie à l'ombre surgie du balcon au moment de son premier meurtre ; quant à l'obsession de sang sur les mains, éprouvée par Hemmelrich après la découverte du cadavre des siens, elle réapparaît plusieurs fois au cours de la Cinquième Partie, jusqu'à ce que l'homme se soit enfin vengé...

Ces rappels et motifs propres à l'originale ont évidemment une densité particulièrement grande dans les paragraphes souvent tardivement rédigés (Brouillons *D* ou *C*) qui servent d'introduction aux principaux épisodes, tel celui de l'entretien entre Ferral et Gisors au bar du Cercle français, où le premier est venu oublier ses déboires amoureux et le second glaner des informations pour son fils (Or, 264>Ms *E*). Plus caractéristique encore est le traitement du début de la Cinquième Partie où Clappique pénètre dans la maison de jeu. Une série d'indications relie cette péripétie à tout ce qui précède. L'ensemble de la scène est ponctué ensuite de rappels du même ordre.

La division du roman en sept Parties, marquées par les feuillets intercalaires noirs placés par le relieur, dans son ensemble ne fait pas l'objet de changements ni de commentaires, à l'exception de la découpe, manifestement flottante, entre les deux dernières Parties et les sous-divisions de la Première. En fait la démarcation entre les Sixième et Septième Parties a été tardivement ménagée puisqu'elle n'est pas encore notée sur les placards des épreuves de l'originale. La séquence finale de cette Sixième Partie s'y présente sous la forme d'une insertion de quatre pages dactylographiées. Il s'agit de la scène où l'on voit May et Gisors veillant le corps de Kyo qui a été ramené chez lui après l'exécution de tous les condamnés du préau (Or, 370-4 / *NRF*, 955-7). Ce passage figurait dans la Septième Partie du manuscrit. Celle-ci, dans la version publiée, ne comporte plus que deux séquences : la scène parisienne avec Ferral, élément très distinct tant par le contenu anecdotique que par l'écriture, puisque le brouillon *F* n'apparaît que dans cet épisode, et la scène de Kobé entre May et Gisors, qui double en quelque sorte le finale de la Sixième Partie pour en changer le sens, comme nous le verrons plus loin.

Quant aux sous-divisions de la Première Partie, elles se présentent ainsi :

— I (1-70) : elle s'étend du meurtre de Tchen jusqu'à la scène de jalousie entre May et Kyo et au départ de celui-ci ;

— II (71-99) : elle relate la visite de Tchen à Gisors, la méditation de celui-ci et la prise des armes sur le *Shan-Tung*.

Ces sous-divisions n'existaient pas ailleurs, et Malraux ne les maintiendra pas ici. Mais cette suppression est probablement la cause des bouleversements plus importants qui affectent, dans cette Première Partie, la succession des séquences. Si l'ordre des huit premières reste inchangé, l'auteur condense les trois dernières de I avec celles de II : ainsi il réunit les deux méditations de Gisors en une (Ms *B*, 54-8 et *C*, 81-7), place en tête de la scène avec May les réflexions de Kyo sur l'insurrection ouvrière de Shanghai, ce qui change quelque peu l'arrière-plan de cette querelle de jalousie, la faisant basculer vers une réflexion métaphysique sur les contradictions et la diversité de l'être humain ; puis il interrompt l'entretien du couple par la visite de Clappique et de Katow ; cela lui permet de faire disparaître le militant anonyme qui, à l'origine, y mettait fin[59]. Ailleurs les déplacements d'épisodes entre le manuscrit et l'originale sont relativement limités ; point d'hésitations structurelles importantes. En fait la plupart des changements ont dû être effectués par l'auteur au cours du montage de ces différents brouillons, constituant le manuscrit. Nous en avons déjà signalé quelques-uns. Parmi les modifications intervenues après coup, indiquons les plus étendues. Dans le manuscrit, Martial s'entretient avec un envoyé de Chang-Kaï-Shek dans les locaux de la police. Ferral, introduit dans le cabinet du directeur, assiste à une conversation en position de voyeur ; puis, l'officier parti, Martial rejoint Ferral dans son bureau. Dans l'originale, la scène se passe dans le studio de Ferral entre Martial, l'envoyé de Chang-Kaï-Shek et lui-même qui mène en fait la discussion ; Ferral se contente d'entendre quelques répliques des deux hommes avant d'entrer dans la pièce (Ms, 143 / Or, 126). Le seul épisode du roman où il soit question de l'Art, des rapports de celui-ci avec la vie et la mort au cours d'une discussion entre Kama, Clappique et Gisors, subit aussi des changements d'organisation importants. Enfin, la venue chez Kyo de Katow, à la recherche de Tchen pour le prévenir que son projet d'attentat est très probablement connu et le complot éventé, figurait dans le manuscrit avant l'arrivée du courrier qui apporte l'ordre de Han-Kéou d'enterrer les armes et la seconde conversation entre May et Kyo (Ms, 287). Rejetée plus loin dans l'originale, entre le moment où Kyo a quitté May sans vouloir l'emmener et celui où il retourne la chercher (Or, 241), cette rencontre de Kyo et Katow rompt la continuité de l'affrontement d'ordre privé et fait de l'entreprise de Tchen le dernier recours des insurgés de Shanghai en face de décisions prises au sommet, qui leur ôtent tout espoir. Cette modification est faite par le romancier au stade de la correction des épreuves ; il en ménage plusieurs de même nature dans cette Quatrième Partie.

Il faut noter toutefois l'étalement narratif que constitue l'empoisonnement de Kyo par le cyanure, inséré dans la scène du préau où l'on voyait déjà Katow faire cadeau de sa propre dose de poison à ses compagnons d'infortune. Mais en règle générale on observe plutôt la scission d'une scène conçue d'un seul tenant, de manière à produire des effets d'alternance, de suspense ou de simultanéité, comme on peut le voir dans la Cinquième Partie grâce à l'identification du brouillon *B*. À cet état appartient la découverte par Hemmelrich des cadavres de sa femme et de ses enfants (dans le manuscrit, Hemmelrich en a plusieurs) et la vengeance de leur mort au cours du combat aux côtés de Katow où le malheureux peut enfin prendre sa revanche d'années d'écrasement, passivement endurées par égard pour les siens (Brouillon *B*, encre noire, 346-9 et 373-6). Entre ces deux étapes de l'expérience vécue par ce personnage, l'auteur insère les aventures tragiques et dérisoires du baron Clappique (Brouillon *E*, 353-7), l'entrevue de celui-ci avec König au cours de laquelle se joue le sort du héros et la reprise du récit du combat de la Permanence (Brouillon *D*, encre bleue[60], 358-66 et 367-72). La vengeance d'Hemmelrich est ainsi différée. Même fragmentation volontaire et inversion des éléments du discours de Chang-Kaï-Shek, coupé dans l'originale par le commentaire de Ferral et Martial tâchant d'interpréter les dessous politiques et financiers de cette déclaration publique (Ms, 110 / Or, 100-1).

Loin de rechercher le suivi, l'unité de ton, l'auteur affiche une certaine indépendance à l'égard des notions d'harmonie, d'architecture, de composition, «*ce qui fiche par terre*», reconnaît-il, «*l'essentiel des valeurs traditionnelles françaises*»[27]. Dans la pratique, il est manifestement attiré par les structures contrastées, les effets syncopés et la discontinuité. D'où cette alternance presque systématique de scènes de rues et d'intérieur, de vie privée et de vie publique, d'où ce souci de faire se succéder des péripéties mettant en jeu d'autres acteurs centraux, qui conduit l'auteur à organiser ces blocs narratifs construits alternativement autour de Kyo, Tchen, Ferral... C'est ainsi que le roman acquiert cet aspect touffu, cette diversité quasi désordonnée et ces imbrications propres au vécu. À cette même recherche de diversification répond le déplacement des descriptions, par exemple dans la Troisième Partie du roman qui se déroule à Han-Kéou. Dans la version originale, les courts tableaux d'atmosphère sont intercalés entre les discussions stratégiques et politiques et les enserrent ; cela engendre une diversité du rythme narratif, très sensible dans cette partie : presque tout entière consacrée à des débats idéologiques de grande portée, elle renferme les confidences les plus secrètes et les plus intimes qu'un homme puisse faire à un autre : celles de Tchen à Kyo sur ses cauchemars nocturnes, sur son angoisse, sur la fascination qu'exerce sur lui l'idée de sa propre mort. «*Malgré les grands espaces de la nuit*» (Or, 175 /

Ms, 210), celui qui l'écoute se sent *«près de lui comme dans une chambre fermée»*. Pourtant les deux hommes sont là pour tenter de sauver les insurgés de Shanghai, victimes d'une stratégie politique à l'échelle mondiale. Ailleurs ce sont les rumeurs de la guerre civile, venues du monde extérieur, qui ponctuent régulièrement, dans l'originale, un débat sur l'Art ou une scène intime comme celle qui nous dévoile les rapports érotiques entre Ferral et sa maîtresse Valérie. Avant de rejoindre la jeune femme dans son lit, Ferral se déshabille dans la salle de bain :

|L'ampoule était brisée, et les objets de toilette semblaient rougeâtres, éclairés par les incendies. Il regarda par la fenêtre : dans l'avenue, une foule en mouvement, [...] dans ces flammes drues qui illuminaient les limites des bâtiments.|
Quand il revint, elle rêvait [...]. (Or, 138 > Ms)

Retentissement du monde sur l'individu, de l'expérience individuelle sur le monde.

Par la nature ainsi contrastée du récit, Malraux obtient des effets de dramatisation et de tension, qui répondent à un nouveau mode de composition, à une nouvelle esthétique soucieuse de rendre compte de l'infinie diversité des sollicitations du monde, de ses télescopages. Cette tendance s'exprime en particulier dans le goût très marqué que Malraux conservera toujours pour les brèves histoires enchâssées, qui tranchent parfois si fortement avec le contexte qu'elles font naître le sentiment de l'insolite, du farfelu. Tel est l'effet produit par le récit conté par Clappique aux deux prostituées du *Black Cat* des aventures de son *«ppeutit grand-père»*, châtelain hongrois enterré sous sa chapelle, debout sur son cheval tué, comme Attila (Ms, 32-5) – anecdote qui doit avoir des implications particulières puisque l'auteur la reprend dans plusieurs récits : dans *La Voie royale* où nous est contée l'histoire de l'oncle de Perken enseveli sur son cheval mort, et dans *Royaume Farfelu* où Idekel nous rapporte les aventures semblables d'un chef barbare –. Telles encore les histoires, apports de l'originale, de ce haut fonctionnaire hollandais de Sumatra, que Clappique sert au comte Chpilewski, préoccupé de bien d'autres problèmes et du voleur chinois du Mont-de-Piété (Or, 192-3 et 139>Ms).

Ces rapprochements inattendus se manifestent également dans les rapports qu'entretiennent avec le contenu du texte les petits graffiti marginaux qui l'accompagnent : ainsi au moment où Gisors, auprès du corps de son fils qu'il veille, est tenté d'échapper à la douleur grâce à la paix de l'opium, figure en face dans la marge une série de petits dessins « farfelus », têtes d'hommes, animaux ou fleurs anthropomorphisés (Ms, 409) où reparaît la veine des premiers récits. Même discontinuité obtenue par l'invention tardive d'un détail trivial ou comique inséré dans une scène dramatique ou tragique : du corps que Tchen s'apprête à frapper s'élève un râle qui paralyse un instant ce geste meurtrier, mais « *l'homme ne râlait pas, il ronflait* » (Or, 12>Ms). Quand Clappique, irrité par la sérénité de l'artiste Kama, troublé par la confiance de celui-ci en la puissance de l'art contre la mort, lui pose d'impitoyables questions qu'il n'oserait pas soumettre à un Européen, lui demandant s'il continuerait à peindre si lui-même ou sa femme était condamné, la gravité du débat, fondamental pour Malraux, est en quelque sorte brisée et la réponse différée par l'introduction – justement en ce point du texte – de l'intermède du disciple ivre, sous forme de collages successifs d'une autre écriture (Ms, 268) et d'un autre état (Brouillon *C*, 269).

De même nature sont le plus souvent les « chutes à effet » en fin de séquence. La rupture de tonalité donne une sorte d'élan nouveau à ces finales, aussitôt brisé par le blanc qui sépare les séquences. Le goût pour ce procédé va s'accentuer dans *L'Espoir* où il est d'un emploi très étendu ; mais l'observation du manuscrit de *La Condition humaine* permet d'en détecter le caractère volontaire et d'en suivre la mise en œuvre par ajout, déplacement ou collage. Cette recherche se poursuit encore entre le manuscrit et l'originale où on trouve une construction tout à fait typique de ce rythme continu/discontinu recherché par l'auteur : la scène durant laquelle Ferral contemple sa maîtresse endormie et enfin totalement dépendante, dans ce sommeil où elle perd son individualité, se termine ainsi :

[...] [elle] n'avait jamais été une petite fille, une adolescente. Jamais elle n'avait vécu. Elle n'entraînait pas dans son sommeil des souvenirs et des espoirs qu'il ne posséderait jamais. Elle n'était rien que l'autre pôle de son propre plaisir. (Ms, 164)

Elle n'entraînait pas dans son sommeil des souvenirs et des espoirs qu'il ne posséderait jamais ; elle n'était rien que l'autre pôle de son propre plaisir. Jamais elle n'avait vécu : elle n'avait jamais été une petite fille.

Le canon, de nouveau : le train blindé recommençait à tirer. (Or, 143)

Le texte de l'originale rejette brutalement le lecteur dans le monde de la guerre que le personnage maîtrise mal et qu'il tentait d'oublier par la domination absolue d'une femme. Rupture par rapport à la séquence qui s'achève, mais aussi relance de la suivante dont l'arrière-plan est constitué par les mouvements des combattants autour de ce train blindé.

Ces effets sont souvent obtenus par transport en fin de scène dans l'originale d'une formule heureuse qui figurait en cours de séquence dans le manuscrit : Kyo pris de remords vient chercher May, avec qui il avait tout d'abord refusé de partager le danger : « |*Il comprenait maintenant qu'accepter d'entraîner l'être qu'on aime dans la mort est peut-être la forme totale de l'amour, celle qui ne peut pas être dépassée.*| (paragr.) *Il ouvrit.* (paragr.) *Elle jeta précipitamment son manteau sur ses épaules et le suivit sans rien dire.* » (Or, 242 / Ms, 288). L'auteur met d'ailleurs progressivement au point la formulation : « *l'acceptation commune de la mort* » (Ms, 290), devient « *la fraternité de la mort* » (Or, 242). Ce souci de variété se manifeste en particulier dans les finales des Parties où alternent la mort (Première, Troisième, Cinquième) et l'espérance attachée au combat révolutionnaire (Deuxième, Quatrième, Sixième).

PREMIÈRE PARTIE

[*Les insurgés se sont emparés des armes, premier succès, la nuit s'achève:*] Le jour se levait. (Or, 90)

DEUXIÈME PARTIE

Derrière chaque blindage, un homme du train écoutait ce bruit comme la voix même de la mort. (Or, 154)

TROISIÈME PARTIE

[...] cette ville dont l'Occident attendait le destin de quatre cent millions d'hommes et peut-être le sien, et qui dormait au bord du fleuve d'un sommeil inquiet d'affamé – dans l'impuissance, dans la misère, dans la haine? (Or, 187)

QUATRIÈME PARTIE

[*Tchen se tue d'un coup de revolver dans la bouche, pour ne pas être pris après l'attentat contre Chang-Kaï-Shek :*] [...] il tira sans s'en apercevoir. (Or, 279)

CINQUIÈME PARTIE

[*Hemmelrich s'évade, indemne, de la Permanence sous son déguisement d'officier :*] L'un après l'autre, les Kuomintang commençaient à sortir. (Or, 330)

SIXIÈME PARTIE

La seule voix que pût entendre la mort, comme si cette souffrance d'être homme dont il s'imprégnait jusqu'au fond du cœur eût été la seule oraison que pût entendre le corps de son fils tué. (Or, 374)

L'épilogue (Septième Partie, 375) est totalement dominé dans la dernière séquence par cette double voix de l'espoir révolutionnaire qui ne saurait mourir et de la mort tragique.

Cette alternance n'existait pas de manière aussi nette dans le manuscrit où la Première Partie, par exemple, offrait un finale qui mêlait les deux notions (« *La ville prenait l'aspect de pourriture que l'aube donne à la Chine.* » (Ms, 99)) et l'épisode qui clôt la Sixième Partie s'achevait sur le geste de Gisors jetant son opium dans la nuit et attendant que l'aube use sa douleur.

*

intériorisation de l'expérience vécue

Enfin, dans le domaine de la focalisation du récit, Malraux fait voir l'action de préférence à travers les personnages, et multiplie les perspectives pour tenter de saisir l'événement dans sa complexité. Ce troisième roman témoigne d'une plus grande subtilité dans les jeux du point de vue narratif, sans avoir encore, il est vrai, les scrupules et l'obsession de rigueur d'un James ou de certains romanciers de la génération suivante : car le « champ » de conscience de la figure centrale avec laquelle nous découvrons les faits est parfois débordé par le narrateur. D'où ce « récit hybride » longuement étudié par Philippe Carrard dans *L'Espoir*. Le manuscrit de *La Condition humaine* permet de voir que l'auteur dans son travail de mise au point a systématiquement tendance à passer de ce que Jean Pouillon a appelé la « vision par derrière » du narrateur omniscient à la « vision avec ». En effet il transfère très souvent l'analyse ou les informations données par la voix narrative extérieure à l'histoire en un mode plus subjectif, en énoncés attribués ou attribuables aux personnages. Ce discours prend la forme soit du dialogue entre les protagonistes, dont nous avons vu l'importance considérable dans le roman malrucien, soit d'apartés attribués à une figure centrale. Le nombre de ceux-ci est fortement renforcé dans l'originale, où ils sont transcrits au style direct et plus souvent encore au style indirect libre. Citons quelques exemples, parmi beaucoup d'autres, du premier type de cette réécriture. Une servante vient de s'asseoir aux côtés de Clappique :

[...] une Flamande solide, de cette catégorie de marchandes de quatre-saisons qu'on est convenu d'appeler des Rubens. (Ms,339)

[...] une solide servante blonde, libérée, venait de s'asseoir à côté de lui : « Un Rubens, pensa-t-il, mais pas parfait : elle doit être de Joardens. Pas un mot...» (Or, 293)

La remarque du narrateur hétérodiégétique est transformée en monologue intérieur d'un personnage, dont elle éclaire la vision du monde.

Une nouvelle distribution d'armes commença. Tchen prenait le troisième fusil [...]. (Ms, 126)

Une nouvelle distribution d'armes commença.

« En ce moment, pensa Tchen, deux cents groupes, dans la ville, agissent comme nous. S'ils ont autant de chance...» À peine prenait-il le troisième fusil [...]. (Or, 111)

Cette réflexion de Tchen suffit à nous faire vivre l'expérience du combat de l'intérieur, introduisant le lecteur dans une subjectivité particulière. Quant aux apartés au style indirect libre, ils forment un tissu presque continu ; certains sont introduits en marge du manuscrit :

+|À cause de la nouvelle blessure de son bras, il pensa de nouveau à l'autre et à Tan-Yen-Ta. Qu'il avait été idiot ! Toute cette nuit, toute cette matinée ! Rien n'était plus simple que de tuer un homme. ‖À peine l'eut-il pensé qu'il en douta.‖ (>Or) | (Ms, 134)

D'autres sont des réécritures au stade de l'originale :

[...] il le voyait fort bien : les paupières s'étaient ouvertes, mais soit qu'il n'eût pas pu se réveiller, soit pour toute autre raison, les yeux étaient blancs. (Ms, 6-7)

[...] il le voyait fort bien : les paupières s'étaient ouvertes, – avait-il pu s'éveiller? – Les yeux étaient blancs. (Or, 12)

À l'alternative logique et à l'information fait place la question angoissée de l'acteur.

On trouve enfin des ajouts de cet ordre : le banquier Liou vient de quitter Ferral ; de sa fenêtre celui-ci regarde l'auto de son visiteur s'éloigner :

|Même vainqueur, l'état de ses entreprises l'obligerait peut-être à demander l'aide du gouvernement français qui la refusait si souvent, qui venait de la refuser à la Banque Industrielle de Chine ; mais, aujourd'hui, il était de ceux à travers qui se jouait le sort de Shanghai. [...] Le soir de guerre se perdait dans la nuit.| (Or, 135 > Ms)

Cette fois il ne s'agit plus, à proprement parler, de style indirect libre, mais si l'énoncé est cité en quelque sorte de seconde main, le lecteur a le sentiment d'être dans le champ de conscience du personnage, celui-ci fait le bilan de l'entrevue qu'il vient d'avoir, tout en percevant les bruits du monde qui l'entoure (« *Le train blindé tirait toujours.* »).

Plusieurs grands épisodes témoignent du développement considérable, entre le premier jet manuscrit et la publication, de cette dimension intérieure du drame, des sensations et impressions éprouvées par les acteurs « en situation ». Il faudrait pouvoir citer de multiples passages de la scène d'ouverture :

Non : c'était le sang qui glissait sur son bras, en rigoles.

Un seul geste [...] (Ms, 5)

Non ; c'était le sang de son bras qui coulait en rigoles. |Et toujours cette sensation de mal de mer.|

Un seul geste [...] (Or, 11)

Une communication étrange, qu'il n'avait jamais éprouvée, s'établissait à travers l'arme, son bras raidi et son épaule douloureuse entre le corps et lui. Il ne bougeait absolument pas. (Ms, 7)	À travers l'arme, son bras raidi, son épaule douloureuse, une communication |toute d'angoisse| s'établissait entre le corps et lui |jusqu'au fond de sa poitrine, jusqu'à son cœur convulsif, seule chose qui bougeât dans la pièce|. Il était absolument immobile ; (Or, 12-3)
[...] il ne pourrait jamais s'expliquer |D'ailleurs c'était inutile.| – Ça y est, dit-il. (Ms, 15)	[...] il ne pourrait jamais s'expliquer. |La résistance du corps au couteau l'obsédait, tellement plus grande que celle de son bras : sans l'élan de la surprise, l'arme n'eût pas pénétré profondément. « Je n'aurais jamais cru que ce fût si dur... » | – Ça y est, dit-il. (Or, 19)

L'attentat manqué contre Chang-Kaï-Shek présente quelques retouches du même ordre ; mais plus concluante encore est, dans la Septième Partie, l'épisode de Ferral affrontant, à Paris, les principaux représentants des banques françaises dont dépend son sort remis à l'arbitrage du Ministre des Finances. La scène subit d'assez nombreux remaniements de détails visant à concrétiser l'apparence physique des acteurs, leurs jeux scéniques, leur psychologie, à donner des informations précises sur l'avenir de la Chine, le fonctionnement du parlementarisme français ; mais les retouches les plus étendues concourent à étoffer considérablement le discours intérieur de Ferral pendant cette entrevue. Celle-ci est transfigurée par le déploiement, sur un double niveau, d'une conversation officielle et de son commentaire, en sous-conversation, par le personnage qui seul importe au lecteur, Ferral[61]. À travers le regard de Ferral, le lecteur n'est plus simplement spectateur, mais partie prenante de cette joute hypocrite qui met en valeur l'ironie, la lucidité et la maîtrise de soi de cette figure centrale, quoique celle-ci en sorte vaincue.

Enfin la troisième option choisie par l'auteur, en substitution du commentaire analytique à la troisième personne, est la transposition en situation concrète. Ainsi ces considérations du narrateur donnent l'idée-force de la scène du combat de rue où Tchen, au milieu des ouvriers des filatures, attaque un poste de police :

Tchen était lié aux siens, mais mal. |Formé par Gisors, cette révolution était pour lui l'accouchement d'une fatalité. Le prolétariat y naissait dans le sang, comme tout ce qui naît ; mais ces hommes tués – les siens – s'ils se souvenaient, c'était d'abord de la famine, jamais il ne serait tout à fait des leurs. Gisors non plus, mais Gisors avait sa vie derrière lui : elle le gênait moins pour marcher. | Le poste ne tirait plus.
(Ms, 138>Or, 122)

Un trait d'insistance dans la marge soulignait l'importance du passage, à peu près comme le *capitalissime* dans le texte proustien. Or cette analyse disparaît en ce lieu de la scène dans l'originale : les idées en sont transposées en réflexion intérieure de l'intéressé, en péripéties du combat et même, comme on l'a vu plus haut à propos de la caractérisation du personnage, en détails vestimentaires. L'ensemble construit l'image de cet intellectuel qui se bat avec audace pour les opprimés sans pouvoir sortir de sa solitude.

*

mélange des genres et des codes

Ce traitement du point de vue n'est peut-être pas sans rapport avec l'engouement de Malraux pour la littérature anglo-saxonne et plus spécialement américaine, qui nous semble avoir été décisive dans son évolution à l'époque de *La Condition humaine*. On sait qu'il a pris part, en 1931, à la fondation chez Gallimard de la collection « Du monde entier » et qu'il a beaucoup contribué à faire connaître en France, à cette époque, les œuvres de Faulkner, de Dos Passos... alors que l'ensemble des Français tenaient encore, comme le souligne Maurice Sachs au printemps 1929 dans *Au temps du bœuf sur le toit*, en un mépris aussi solide qu'injustifié l'ensemble de la littérature d'outre-Atlantique. Malraux, contrairement aux préjugés alors profondément enracinés à l'égard de la paralittérature, genre auquel un écrivain digne de ce nom semblait n'avoir rien à emprunter, appréciait fort Dashiell Hemmett également. Quand il s'est rendu à New York en 1931, ce romancier déjà connu d'un certain public par ses récits parus en feuilletons dans le magazine populaire le *Black Mask*, venait de commencer à publier, en volumes cartonnés plus respectables, ses romans : *The Red Harvest* (1929 : *La Moisson rouge*), *The Dain Curse* (1929 : *Le Sang maudit*), *The Maltese Falcon* (1930 : *Le Faucon maltais*) et *The Glass Key* (1931 : *La Clef de verre*). Ceux-ci étaient dans les vitrines des libraires et *Le Faucon maltais* a été porté à l'écran précisément en 1931. La plupart allaient paraître chez Gallimard, dans la collection « Les Chefs-d'œuvre du roman d'aventures », entre 1932 et 1933. Malraux admirait fort chez l'auteur de *La Clef de verre* – qui est, il est vrai, un modèle d'écrivain behavioriste –, les dialogues brefs et incisifs, l'action mouvementée, l'humour à froid... Il en a recommandé la lecture à Gide à plusieurs reprises, comme le prouve le journal de ce dernier. À ce roman américain, lui-même doit peut-être quelque chose de l'usage qu'il fait du dialogue, qui permet de percevoir l'action dans son déroulement grâce à des échanges de rapides répliques entre les personnages ; l'auteur remplace par le mode dialogué ponctué de gestes des indications données d'abord sous une forme analytique à compte de narrateur, comme nous l'avons vu.

En voici un exemple pris parmi beaucoup d'autres ; Gisors

est en face de son disciple venu lui demander conseil et appui après avoir commis son premier meurtre :

> Mais il commençait à voir clair : le terrorisme n'était plus pour le jeune homme une résolution mais une fascination. |*Il n'en sortirait plus, et il le sentait, et c'est contre cette angoisse qu'il était venu se défendre.*| Roulant toujours sa cigarette imaginaire, la tête inclinée [...] il dit, s'efforçant de donner à sa voix le ton du détachement :
> « Tu penses que tu n'en sortiras plus... |*et c'est contre cette angoisse-là que tu es venu te défendre auprès de moi ?*|
> Mais il ne put maintenir ce ton, pris par les nerfs, il termina presque en bafouillant :
> « ... et c'est contre cette... angoisse-là que tu es venu te... défendre auprès de moi. »
> Silence. (Ms, 78)

Outre l'emploi étendu d'un dialogue incisif au tour parlé, étroitement mêlé à l'action, l'auteur ne dédaigne pas d'employer, pour produire des effets nouveaux et puissants dans ce roman « pascalien », des motifs et des ressorts de ce genre qui a « mauvais genre », le roman policier. De la génération des écrivains engagés surtout dans la recherche d'un style de vie et de valeurs de remplacement, il ne caresse pas le rêve élitiste d'être lu par les *happy few*, mais souhaite connaître une large audience. Aussi ne néglige-t-il pas d'attirer le lecteur et de retenir son attention par des procédés éprouvés. D'où cette scène « d'accroche » qu'il a placée en ouverture et qui a d'ailleurs fort bien fonctionné. Pourtant elle est évidemment tout autre chose qu'un meurtre de récit policier ! Malraux soulignait comme remarquable chez Faulkner, dans sa préface à *Sanctuaire* (publiée la même année que *La Condition humaine*) « *l'intrusion de la tragédie grecque dans le roman policier* ». On peut dire qu'il adopte ici la démarche inverse : il introduit les motifs et les ressorts, disons même les « ficelles », du roman policier dans une tragédie historique et une méditation métaphysique. Il nous semble qu'on n'a jamais noté les effets d'angoisse et de suspense qu'elle ménage. L'auteur crée effectivement cette fois cette « atmosphère de roman policier » évoquée sans grande pertinence dans la prière d'insérer présentée par l'éditeur pour *Les Conquérants*. En effet, le lecteur n'apprend que très progressivement, et plutôt vers la fin de la scène, où celle-ci se passe, quels sont l'identité et les mobiles du criminel. Mais il est plongé dès les premières lignes au cœur de la violence et de la mort.

Le premier *flash* nous montre l'assassin la main levée, hésitant à frapper. Rien ne manque, ni les traditionnelles armes du crime, rasoir et poignard – le héros opte pour le second comme il se doit – ni la réflexion sur la manière de s'en servir, ni l'aspect anonyme et secondaire de la victime, ni le caractère presque trivial du cadavre dans le cadre de la banalité quotidienne (l'homme est étendu sur son lit, vêtements accrochés à ses pieds, portefeuille caché sous l'oreiller ; il se met à ronfler au moment où Tchen va le frapper), ni la fuite de l'assassin inquiet d'être découvert, après avoir fouillé le portefeuille de la victime à la recherche de documents et refermé la porte à double tour pour retarder la découverte du cadavre, ni la présence à l'arrière-plan de la grande ville ni même, pour finir, le noceur « un peu saoul », amateur de *dancing girl*, que Tchen rencontre dans l'ascenseur à l'étage du dancing et du bar de ce grand hôtel où il vient de tuer. Récit pour « amateur de sensations fortes » avec violence, angoisse de la mort... Cette exploitation sans préjugés des motifs d'un sous-genre s'étend à ceux du roman d'espionnage et d'aventures. Toutefois l'auteur a tendance à gommer dans l'originale les procédés trop marqués : Tchen ne tue plus à minuit, « l'heure du crime », mais à minuit et demie, ce qui évoque plutôt la précision horaire d'une opération terroriste ; quelques instants plus tard il se rend chez Hemmelrich où l'attendent les insurgés. Il « *heurta un volet. Un judas s'ouvrit et, presque aussitôt, la porte* » (Ms, 14). Ce judas de roman-feuilleton disparaît dans l'originale comme le «*haut les mains!*» (96) de Katow tenant en joue le capitaine du navire, qui sent son film noir américain. Le premier a battu de vitesse le maître des lieux en le prenant à revers par la fenêtre ouverte sur la coursive, tandis que l'autre sortait son revolver. Dans le manuscrit, Katow conservait son cyanure dans du coton enfoui dans son oreille gauche d'où il le retirait pour le distribuer à ses compagnons d'infortune et le narrateur se livrait à un commentaire sur le poison utilisé par les prisonniers, presque toujours de l'opium «*s'ils le peuvent. Mais la boule nécessaire ne peut être cachée dans une partie du corps*» (405), son effet est plus lent, comme le fait remarquer Katow à l'officier qui découvre la mort de ses deux compagnons : «*avec de l'opium, ils ne seraient pas encore morts...*»

Quant à la violence présente dans l'ensemble du roman, qui a choqué à l'époque certains lecteurs comme une forme de sadisme et d'effets faciles, Malraux ne donne pas dans le sensationnel pour le plaisir, il est simplement, dans ce domaine, en avance sur son temps et plus proche de nous. Comme le remarquait déjà Sartre en 1947 : «*Alors qu'il nous a fallu, pour nous découvrir, l'urgence et la réalité physique d'un conflit,* [*Malraux*] *a eu l'immense mérite de reconnaître, dès son premier ouvrage, que nous étions en guerre et de faire une littérature de guerre*»[62]. La guerre civile surtout n'est pas tendre : l'atroce et le sanglant ne sont pas ici de complaisance, il suffit pour s'en convaincre de jeter un coup d'œil sur les photos d'actualité qui ont servi au lancement de l'œuvre et qui offrent la garantie du réel. Malraux d'ailleurs, au moment de la sortie du roman, écrit au célèbre critique des *Nouvelles littéraires* : «*Dwinger?*[63] *C'est peut-être le livre le plus pathétique qui ait été écrit depuis* La Maison des Morts *et ses Mémoires sont moins terribles que les documents officiels sur la répression de Shanghai, et surtout sur l'atmosphère des prisons, dont j'ai supprimé l'élément de grossièreté qui fut, dans la réalité, écrasante.*»[27]. Quand ce roman philosophique sur la condition humaine évoque cette atmosphère des prisons, dans la scène du garde qui fouette un vieillard fou et maltraite le héros qui a pris la défense de cette pitoyable épave, c'est pour faire état de la fascination exercée sur les hommes par la cruauté et la vue du sang, et la dénoncer par le biais de Kyo, non pour l'exploiter. L'écrivain a plutôt tendance, d'après le manuscrit, à adoucir l'horreur de certaines de ces descriptions, comme dans cet exemple, emprunté à la mort de Tchen après l'attentat commis contre la voiture de Chang-Kaï-Shek :

Un furieux coup de talon d'un autre policier lui |*écrasant l'œil*| crispa tous ses muscles : il tira sans s'en apercevoir. (Ms, 322)	Un furieux coup de talon d'un autre policier crispa tous ses muscles : il tira sans s'en apercevoir. (Or, 280)

Ces motifs propres à des sous-genres, cette thématique d'angoisse, de violence et de mort touchent le plan du contenu, mais en ce qui concerne l'écriture, celle de Malraux n'a plus rien de commun avec la langue volontairement transparente, le style courant et parlé, la rédaction expéditive de la production qui mérite le nom de *paralittérature*.

*

une écriture de poète

En suivant ce travail matériel de mise en forme, on s'aperçoit que Malraux, contrairement à toute attente chez ce romancier engagé, rédige en poète plutôt qu'en idéologue, car il semble moins courir après la précision de l'idée et sa valeur démonstrative que jouer avec les mots et leurs multiples connexions, témoignant d'un sens aigu de leur aura, des images potentielles qu'ils irradient dans la phrase. À la recherche du terme qui vibre le mieux avec le contexte, il note parfois sur le brouillon tout un paradigme :

Par terre trois corps ; au-dessus |*zébré*| +|*haché*| ++|hachuré| de fils télégraphiques, le ciel [...] (Ms, 121)

À terre, trois corps ; au-dessus, criblé de fils télégraphiques, le ciel [...] (Or, 107)

L'adjectif finalement choisi dans la version publiée forme une hypallage qui transfère dans le ciel le spectacle vécu sur la terre (corps criblés de balles). Autre exemple :

Le temps qui le rapprochait de la mort ne le séparait pas du monde mais l'y reliait dans une |*acceptation sereine*| +|*consentement*| ++|accord| serein (Ms, 419)

Le dernier vocable qui implique une sorte d'harmonie musicale propagée entre l'homme et le monde, sans les connotations intellectuelles des deux précédents, est retenu dans l'originale. Ces hésitations sur le choix d'un terme, substantif mais le plus souvent adjectif, sont constantes du début à la fin du roman, ratures ou blancs laissés en attente, plus tard remplis au crayon, ou d'une encre différente, ou non complétés :

[*l'épouvante de Tchen donnant la mort est :*] |*abjecte et sacrée*| +|atroce et solennelle| (Ms, 8)

[*À propos des sentiments de Gisors :*] Sa |pensée| +|douleur| possédée refermait lentement ses bras inhumains sur la |délivrance| +|joie| ++|sérénité| frémissante et cachée en lui comme son cœur |*vidé*|. (Ms, 420)

[...] sur |la délivrance| frémissante et cachée en lui comme son cœur, la douleur possédée refermait lentement ses bras inhumains. (Or, 400)

Ces modifications témoignent parfois d'un goût pour les termes d'usage moins courant : la lumière « *intense et minime des mèches allumées* » (Ms, 350) est remplacée par « *l'intensité à la fois minime et aiguë des points d'ignition* » (Or, 305), « *comme une fourmilière* » par « *comme les sociétés d'insectes* », la nourriture des prisonniers,

« *bouillie couleur de boue* » (Ms, 380), par « *magma couleur de boue* » (Or, 335)... Au cours de ces tâtonnements disparaissent des adjectifs clichés et Malraux polit peu à peu ses formules frappantes :

Il s'agit de vaincre le temps au moyen de l'esprit, mais dans l'ordre du sentiment, le temps est toujours le plus fort. (Ms, 311)

Connaître par l'intelligence, c'est la tentation vaine de se passer du temps... (Or, 267)

Certaines de ces pensées fortes et ramassées sont insérées par collage de l'état *D* (relativement tardif) sur un brouillon antérieur *B* : « *il est très rare qu'un homme puisse supporter, comment dirais-je ? la condition humaine* » (Ms, 314), « *Échapper à la condition humaine, vous disais-je. Non pas puissant : tout-puissant. La maladie chimérique dont la volonté de puissance n'est que la justification intellectuelle, c'est la volonté de déité : tout homme rêve d'être dieu.* » (315). D'autres sont l'objet d'une profonde réécriture entre le manuscrit et l'originale, ce dernier état tendant toujours à plus de brièveté et de netteté, tel le jugement de Kyo sur le marxisme rapporté, dans le premier état, par le narrateur (191) puis mis dans la bouche de Kyo (Or, 164). D'autres enfin sont des apports de l'originale : « *Il n'y a pas de dignité qui ne se fonde sur la douleur* » (397).

Les passages de réflexion sur la condition humaine témoignent d'un souci tout particulier de mise en forme, comme on peut le voir dans cet exemple emprunté à la méditation de Gisors sur la souffrance des hommes, dans la dernière séquence :

[...] chacun choyant au plus secret de soi-même un parasite +|meurtrier [*au crayon dans un blanc*]|, chacun condamné +|à plus ou moins longue échéance [*au crayon dans un blanc*]|, à la solitude [*un blanc*] de l'angoisse originelle ? toujours condamné à la fraternité de sa +|grandeur| ++|dignité| [*les deux mots au crayon, le premier dans un blanc*] et de sa douleur. « Tout homme est fou, pensa-t-il, |*et passe sa vie à unir le fou qu'il porte en lui et l'univers...*| +|mais qu'est une destinée humaine sinon une vie d'efforts pour unir ce fou et l'univers... ».| (Ms, 419)

D'innombrables retouches tendent à la condensation, au tour nerveux, elliptique, comme nous l'avions déjà constaté en examinant la nature des variantes entre l'originale et la préoriginale des *Conquérants*. Nous n'en donnerons que deux exemples : une bribe de dialogue entre Katow et le jeune Chinois rencontré dans un *tchon*, à propos du maniement des armements par les insurgés :

– Je pense qu'ils sauront tous s'en servir. Et ils s'en serviront bien : j'ai ici un groupe de trente hommes parents de suppliciés de février... À moins pourtant... (Ms, 42)	– Tous sauront s'en servir ; et très bien. J'ai ici trente hommes parents de suppliciés de février... À moins pourtant... (Or, 45)

et cette remarque pendant la fuite de Clappique qui passe sous les regards indifférents, déguisé en marin :

... Sa mythomanie, d'ordinaire, obtenait de son interlocuteur ce regard [*un blanc*] mais non de la foule qui l'entourait. (Ms, 390)	L'habituel interlocuteur de sa mythomanie était devenu foule. (Or, 351)

Sont gommées systématiquement tout au long du texte les informations trop appuyées, les explicitations qui rendraient la lecture aisée et le texte transparent. D'où ce style tendu, impatient qui caractérise l'écrivain et lui aliène certains lecteurs. Julien Gracq, comparant la nature de l'accueil que le lecteur trouve dans l'univers de quelques romanciers, écrit : « *Celui de Malraux, qui immanquablement me met mal à l'aise, semble toujours agacé et comme impatient de s'adresser à quelqu'un de si peu intelligent que vous.* » (p. 168 [50]).

Cette expression ramassée accroît souvent l'effet de dramatisation et de théâtralité, elle laisse au lecteur le soin de commenter et d'interpréter, en supprimant en particulier les considérations générales, les vérités d'expérience suscitées par la nature des péripéties. On lisait par exemple dans le manuscrit cette phrase commentant le passé de Katow et les relations de celui-ci avec sa femme, morte depuis, «*petite ouvrière qui l'aimait*» (Ms, 299) et qu'il avait fait souffrir jusqu'à ce qu'il soit touché par cette tendresse inlassable :

[...] |virulence| +|toute puissance| du cœur lorsque sa présence est certaine dans un monde où tout n'est que bêtise ou malheur. (Ms, 299)

Ce commentaire disparaît de l'originale qui reprend : «[...] *il n'avait plus vécu que pour elle* [...]». La suppression se fait parfois dès le manuscrit : Kyo est en face de König qui finira par l'envoyer à la mort :

|*Il se méfiait de l'humanité de König : on n'est pas chef de la police quand on est*| L'humanité d'un chef de police lui inspirait de la méfiance. (Ms, 384)

*

Le traitement des images concourt au même effet et répond aux mêmes intentions. Les romans de Malraux offrent, on le sait, une forte densité d'images empruntées au registre de la nature, aux éléments atmosphériques en particulier, à l'animal, au végétal, mais il semble qu'elles soient encore plus nombreuses dans le premier jet. L'auteur opère ensuite un tri et en élimine, comme on peut le voir dans cet exemple caractéristique : Ferral observe, de sa voiture, la foule qui encombre les rues de Shanghai ; le pittoresque descriptif de la première version s'oppose au rythme saccadé de la seconde :

[...] matelas monstrueux où se cachait tout un mobilier – avec un pied de table dépassant |comme une oreille| [...]. Tout cela avan-

[...] matelas monstrueux peuplés de tout un mobilier, hérissés de pieds de table, [...]. Le chauffeur put enfin tourner, s'engager dans

çait |avec la force [*un blanc*] des dunes poussées par le vent|. Le chauffeur put enfin tourner, s'engager dans des rues encore encombrées, mais où le vacarme du klaxon |*chassait*| +|repoussait| la foule, à quelques mètres en avant de l'auto |*comme si quelque courte rafale l'eût précédée*| +|comme un chasse-neige|. (Ms, 103)

des rues encombrées encore, mais où le vacarme du klaxon chassait la foule à quelques mètres en avant de l'auto. (Or, 94)

Les quatre comparaisons ont disparu dans l'originale, comme beaucoup d'autres venues sous la plume de l'auteur dont l'esprit est naturellement porté à l'analogie. On pourrait citer des dizaines d'exemples de comparaisons biffées sur le manuscrit ou qui disparaissent entre cet état et l'originale : bretelles qui sautent «*comme des oreilles de lapin*» (Ms, 25 barré), couples accrochés à la musique «*comme à un radeau*» (27>Or), Clappique songeant à changer sa tactique de jeu «*comme les généraux qui, sur le champ de bataille, transforment leur plan*» (327>Or), Tchen serrant sa bombe avec une tendresse «*imprévue comme il eût fait d'un enfant*» (320 barré), les deux policiers debout sur le marchepied de la voiture de Chang-Kaï-Shek «*comme deux oreilles*» (320>Or), Clappique comparé à un «*artichaut maigre*» (barré) puis à une «*pomme de pin*» (30>Or). Certaines sont éliminées parce que trop prévisibles, d'autres parce qu'inadaptées au contexte, comme cette évocation d'un animal en «*peluche*» (8) à propos du chat de gouttière qui glace Tchen d'épouvante, ou cet ennemi qui entre le premier dans la Permanence en franchissant les barbelés et dont Hemmelrich voit grandir la silhouette «*comme au cinéma*» (ajout en 375>Or). D'autres encore sont reprises et transformées de façon à éviter ces deux écueils de la comparaison. On lit par exemple dans le manuscrit ce rapprochement : des hommes mourant de faim tombent comme «*des mouches*» (barré) puis comme des «*insectes aux premiers froids*» (85) ; dans l'édition originale, la famine les fait mourir «*comme une peste lente*» (Or, 79).

Ralph Tarica, dans une des rares études consacrées aux images chez Malraux[64], s'étonne, à juste titre, que les comparaisons ou figures équivalentes soient nettement plus nombreuses dans l'œuvre que les métaphores, chez un auteur si porté à l'ellipse et au tour ramassé. En fait, cette nervosité du style est une conquête de l'art, et l'examen du manuscrit prouve que les métaphores existantes sont souvent le résultat d'une réécriture ; l'écrivain passe de la formulation appuyée et explicative d'une comparaison au saut analogique de la métaphore, c'est-à-dire d'un rapprochement intellectuel à la transmutation poétique du monde grâce aux multiples correspondances de l'animé à l'inanimé, de l'humain au non humain, de l'abstrait au concret etc. :

La nuit semblait bouillonner comme une énorme fumée noire pleine d'étincelles ; (Ms, 9)	Secouée par son angoisse, la nuit bouillonnait comme une énorme fumée noire pleine d'étincelles ; (Or, 14)
Son pouce frottait doucement les autres doigts de sa main droite, comme s'il eût fait glisser les souvenirs |*ainsi qu'une poudre. Mais il suivait sa pensée, non un souvenir*| (Ms, 53)	Son pouce frottait doucement les autres doigts de sa main droite, comme s'il eût fait glisser une poudre de souvenirs. (Or, 54)
[...] monta un cri terrible, semblable à celui du chien qui hurle à la mort, coupé net : un homme égorgé. (Ms, 120)	[...] monta un cri de chien qui hurle à la mort, coupé net : un homme égorgé. (Or, 107)

IV

POLITIQUE ET IDÉOLOGIE

Les variations du texte de *La Condition humaine* notées jusqu'ici relèvent toutes de la mise en place de l'illusion réaliste ou de recherches d'ordre esthétique. D'autres retouches peuvent se regrouper autour d'un axe idéologique, lié au contenu explicite ou implicite de ce roman politique, à son insertion dans l'Histoire contemporaine. On voit le romancier, en cours d'écriture, prendre parti. Au moment où Malraux entreprend ce récit, le climat littéraire en France est en train de se modifier profondément. Sur ce point, écrivains et critiques sont d'un avis unanime : Jean Giraudoux, entre autres, écrit dans *Littérature* en 1941 : « *Ce que les lecteurs demandent en 1930 aux écrivains, c'est peut-être justement le contraire de ce qu'ils leur demandaient en 1830... Ils n'exigent plus de l'écrivain qu'il réussisse, suivant des recettes, des romans ou des pièces. Ils exigent de lui une nourriture qui leur est indispensable* »[65]. Et il conclut à propos de la création littéraire en général : « *Son ferment est non plus un ferment de distraction mais un virus de propagande.* » D'où la gravité du ton, liée aux nouvelles fonctions qui lui sont assignées. Le monde est tel qu'on ne peut rester spectateur en face de lui, il ne s'agit pas seulement de le décrire mais de le transformer, ou tout au moins de le décrire de façon telle qu'on suscite dans le cœur des hommes un désir véhément de le transformer.

C'en est fini des subtiles analyses du Moi, des recherches de renouvellement du genre dans une optique subjective. C'en est fini de la bonne conscience des auteurs de la période précédente relativement à la valeur de l'art, des préoccupations d'ordre purement formel et esthétique qui ont dominé toute la période de 1900 à 1930. L'écrivain semble éprouver une sorte de honte pour ces activités « byzantines », comme le soulignent Jean Paulhan dans *Les Fleurs de Tarbes* et Claude-Edmonde Magny qui, dans son *Histoire du roman français depuis 1918*, a longuement étudié cette révolution des mentalités[66]. Les écrivains, avec un véritable soulagement, deviennent militants et trouvent dans une cause à servir une justification à l'exercice de leur métier. Même les plus sereins sont atteints : l'évolution est sensible dans l'univers de la *NRF*, jusque-là fière de son humanisme au-dessus de la mêlée. L'examen de la collection complète des livraisons de la revue à partir de 1930 montre que l'actualité politique s'insinue sous les titres anodins de « L'Air du mois » et dans « Les Chroniques ». Dans son ensemble la littérature se fait « partisane » et s'engage dans l'action.

*

mise en veilleuse de l'homme de culture

Premier effet de cet « air du temps » sur Malraux : on constate que, selon un processus déjà amorcé dans *Les Conquérants*, le Malraux homme de lettres, avec son système de références, sa passion des livres et des arts, s'estompe en cours d'écriture au profit d'une image de l'homme engagé « sur le terrain » dans une action aux répercussions internationales. Ainsi ne figurent plus dans la version publiée un assez grand nombre de réminiscences livresques, notées dans le manuscrit ; à Ferral qui vient d'affirmer que connaître une femme c'est connaître ses faiblesses, Gisors de répondre : « |*C'est ce que pensait Stendhal. Et ça l'a amené simplement à se faire dédaigner ou tourner en bourrique par presque toutes les femmes dont il a été amoureux.*| » (Ms, 310>Or). Le même Ferral évoque la fable de La Fontaine, « *La Belette et le petit lapin* » (104>Or) à la vue d'un individu « *au nez pointu* » et d'un autre « *joufflu aux longues oreilles* ». L'auteur renonce à attribuer à des personnages, chez qui cela n'avait guère de vraisemblance psychologique, l'idée de traduire toute expérience en document écrit, comme il le fait lui-même en tant qu'écrivain : ainsi plus trace de la boutade d'Hemmelrich prétendant faire « *un de ces jours* » (19>Or) un dictionnaire « *avec les luxes qu'*[*il*] *n'*[*a*] *pas pu* [*se*] *payer* » où figurerait « *le métier de volontaire* », puisqu'il n'a pas « *acquis le précieux droit de se faire casser la gueule* ». Plus trace non plus de cette réflexion que Ferral se fait à lui-même, après avoir entendu la suggestion de l'un des chefs du Kuomintang à Martial, Directeur de la police, à savoir d'amollir les combattants communistes par la corruption ou les prostituées : « *De toute évidence, ce pays est fait pour admirer le père Dumas : il faut que l'histoire s'y résolve en combines. Tout de même – pour plus tard – quelle belle anecdote !...* » (Ms, 148 >Or). L'amateur passionné de Stendhal, des récits d'aventures rocambolesques lus dans sa jeunesse, beaux spécimens de la culture occidentale « bourgeoise », et l'univers de la révolution chinoise interfèrent ici assez curieusement, le plus souvent il est vrai par le biais de Ferral, donné pour un Français cultivé.

De même le connaisseur de peinture se révèle dans les rapprochements faits par un narrateur pour qui, à la manière proustienne, les réminiscences artistiques donnent au réel sa vérité et sa saveur. Telle cette comparaison d'une solide servante de bar avec un Rubens, émise par le narrateur (Ms, 339). Dans l'originale, Malraux ne la supprimera pas, mais la prêtera à Clappique, l'antiquaire spécialiste en matière de peinture. Ce rapprochement se métamorphose ainsi en trait de caractère. Le thème de l'art est remis « en situation » selon un système d'images que Malraux développera dans *L'Espoir* (voir pp. 69-70[37]).

Si, dans le texte publié, Malraux donne à Ferral des modèles choisis parmi les hommes politiques, dans le manuscrit on lisait ceci : «*Et sans doute avait-il trop vécu à côté de l'Institut, avait-il entendu Renan conter trop de belles histoires, pour voir dans l'argent autre chose qu'un moyen* » (Ms, 309 >Or).

On ne sort pas si aisément de l'univers des lettres ! Même dans l'originale, la mise en forme du récit garde la trace de plus d'une réminiscence littéraire et de clins d'œil au lecteur. Ainsi, tandis que Kyo observe et écoute Clappique dans un lieu public – une boîte de nuit, le *Black Cat* –, les indications de ton qui précèdent chaque réplique du baron font inévitablement songer à la fameuse tirade des « nez » de *Cyrano* ; elles donnent la même coloration, à la fois spirituelle et théâtrale, à cette parade triste en présence de deux entraîneuses du dancing qui lui donnent la réplique discrètement.

En revanche, Malraux gomme dans l'originale ce qu'on peut considérer comme un écho de l'origine écrite de ses informations touchant les événements et la situation en Chine. L'optique des trois combattants Kyo, Katow, et Tchen qui s'interrogent sur la démarche à suivre en face de l'armée de Chang-Kaï-Shek est, en fait, celle de l'Occidental Malraux qui a eu essentiellement des sources écrites et non une expérience vécue pour comprendre ce qui s'est passé dans ce lointain pays. Il n'a pas non plus de compétence spéciale en matière économique :

> |À quoi bon discuter ? Tous trois savaient de reste combien ils connaissaient mal ces « conditions objectives » sur lesquelles ils devaient se fonder. Pas un livre sérieux sur l'organisation agraire de la Chine, des enquêtes où pas une province entière n'était examinée. La Révolution se préparait-elle en Europe ? Il fallait le deviner sous les nouvelles truquées ou choisies des grandes agences télégraphiques, comme on trouve un texte sous un autre qu'on gratte.| (Ms, 174 >Or)

De même le début de la Troisième Partie, tel qu'il figure dans le manuscrit, disparaît à peu près complètement de l'originale : on y voit Kyo remonter le cours du fleuve vers Han-Kéou et son regard n'est pas celui du révolutionnaire venu prendre des directives auprès de la Délégation de l'Internationale, mais celui du voyageur français qui découvre, au cours de ses déplacements, la terre chinoise, sa paysannerie et ses villes millénaires :

| Il ne s'agissait plus de fonder une opinion sur des statistiques, mais de supporter pendant des heures et des jours cette campagne sans fin. Ni les monastères à cours perchées sur les rocs, ni les pagodes pour touristes ne masquaient cette certitude : ces villes que dépassait lentement l'une après l'autre le bateau chinois qui le transportait clandestinement [...] c'étaient des villes de paysans. Immobiles, toujours les mêmes, fixées aux confluents : depuis deux millénaires, elles servaient à la même chose [...] rien qui ne signifiât le paysan. La Chine c'était lui. |

(Ms, 180-1 > Or, *passage déjà discrètement barré au crayon sur ce premier état*)

L'auteur abandonne progressivement les points de repères de notre propre culture et de notre histoire, telle l'affaire Dreyfus (Ms, 109) pour une évocation de plus en plus précise, complexe et nuancée de la situation politique et militaire de la Révolution chinoise.

*

extension de la dimension politique

Par rapport au manuscrit, l'édition originale offre de fréquents ajouts qui ont en commun d'accroître l'intérêt politique de l'histoire. Dès la première séquence, 29 lignes de texte (Or, 15-6) soulignent l'importance stratégique du geste meurtrier de Tchen, donné pour « *vain* » dans le manuscrit (Ms, 3). Le jeune homme tue pour s'emparer d'un document qui doit permettre aux dissidents dépourvus d'armes de se saisir de trois cents pistolets à crosse.

L'homme mort vient d'en négocier la vente avec le gouvernement et l'on voit Tchen fouiller son portefeuille avant de s'enfuir de la chambre. La plupart de ces ajouts dont certains ne figurent pas encore dans la version préoriginale (*NRF*, 102) donnent des précisions sur les perspectives de la Révolution, sur la nature des relations entre le Kuomintang et les Communistes de l'armée révolutionnaire (relations dont on nous montre la dégradation progressive à chaque étape du récit), en particulier leur divergence à propos du partage des terres. Cette situation historique est envisagée sous l'angle des diverses forces qui s'affrontent ou dans l'optique, plus objective, du narrateur. L'entretien entre Ferral et le directeur de la police française, Martial, illustre la position capitaliste et colonialiste :

Ici, ils vont essayer de se révolter. Il va peut-être leur en cuire : car ils sont à peine armés.

|Ferral ne pouvait qu'écouter et attendre, ce qu'il détestait le plus au monde. Les pourparlers engagés par les chefs des groupes anglo-saxons et japonais, par lui, par certains consulats, avec les intermédiaires dont regorgeaient les grands hôtels des concessions, demeuraient sans conclusion. Cette après-midi, peut-être...

Shanghai aux mains de l'armée révolutionnaire, il faudrait que le Kuomintang choisît enfin entre la démocratie et le communisme. Les démocraties sont toujours de bons clients. Et une société peut faire des bénéfices sans s'appuyer sur des Traités. Par contre, la ville soviétisée, le Consortium Franco-Asiatique – et, avec lui tout le commerce français de Shangai – s'écroulait ; Ferral pensait que les puissances abandonneraient leurs nationaux, comme l'Angleterre l'avait fait à Han-Kéou. Son but immédiat était que la ville ne fût pas prise avant l'arrivée de l'armée, que les communistes ne pussent rien faire seuls.| (Or, 96 >Ms)

Plus loin, après lecture du discours de Chang-Kaï-Shek, l'auteur insère encore quelques lignes de réflexions de Ferral sur la manière de se servir de ce général pour abattre les communistes de l'armée révolutionnaire (Or, 101 >Ms, 111)[67]. Ce développement est la mise en œuvre d'une indication marginale du manuscrit : « *Ferral prépare son intervention* » (Ms, 111). On y lit encore : « *à arranger avec la IIIe partie* », arrangement que Malraux réalisera, en fait, avec la Quatrième puisque, entre les deux développements qui concernent les agissements de Ferral, il a inséré le voyage de Kyo à Han-Kéou.

La position du général Chang-Kaï-Shek dont la puissance grandit à la tête du Kuomintang, est à son tour esquissée à travers les propos de son envoyé, le jeune colonel chinois :

|– Je vous remercie au nom de mon parti... Les communistes sont fort traîtres : ils nous trahissent, nous leurs fidèles alli-és. Il a été entendu que nous collaboreri-ons ensemble, et que la questi-on soci-ale serait posée quand la Chine serait unifiée. Et déjà ils la posent. Ils ne respectent pas notre contrat. Ils ne veulent pas faire la Chine, mais les Soviets. [...] C'est toujours König? »| (Or, 127-8 >Ms)

En revanche, un simple soldat combattant de la Première division de l'armée du Kuomintang donne le sentiment de la « base » communiste :

|Un second courrier, en uniforme, entra [...] . L'homme était amer : on se demandait à quoi servait l'Internationale. Tout était donné à la bourgeoisie du Kuomintang ; les parents des soldats, paysans presque tous, étaient contraints à verser la lourde cotisation du fonds de guerre, alors que la bourgeoisie n'était imposée qu'avec modération. S'ils voulaient prendre les terres, les ordres supérieurs le leur interdisaient. [...] Là-bas, on organisait une nouvelle armée rouge ; à cette heure même les sections ouvrières, là-bas, apprenaient à manœuvrer les fusils...| (Or, 145-6 >Ms)

Kyo tente de rassurer l'homme en évoquant la création prochaine de la garde rouge, des milices ouvrières, et les ressources de Han-Kéou, « *la ville la plus industrialisée de toute la Chine* » (Or,146).

Les ajouts les plus importants de ce registre figurent dans l'épisode qui précède immédiatement la Troisième Partie localisée à Han-Kéou – discussion entre Tchen, Kyo et Katow où ils décident de ce voyage afin de s'informer auprès du siège du Comité central – et dans la Troisième Partie elle-même, presque entièrement occupée par des débats d'ordre politique entre le héros et le délégué de l'Internationale Vologuine, puis du même Kyo avec Possoz[68]. L'étude du manuscrit nous a montré que cette Troisième Partie constituait un bloc narratif conçu d'une manière suivie, sans trop de retouches ni de découpes. La note marginale (Ms, 111) à propos des activités de Ferral, mentionnée plus haut et la nature des corrections prouvent son insertion *a posteriori*. Toutefois, la conversation avec Vologuine est fortement retouchée entre le premier jet, décelable sur le manuscrit, et l'état de l'originale : la version imprimée témoigne d'une évolution très sensible et d'un progrès, en matière d'analyse politique et de stratégie révolutionnaire, par rapport à la formulation la plus ancienne. L'auteur, en cours de rédaction, s'est mieux documenté sur la Révolution chinoise et sur ses implications internationales. Cette scène, qui se déroule à la Délégation de l'Internationale à Han-Kéou, comporte en particulier deux ajouts étendus depuis : « – *Un mot d'ordre purement communiste, aujourd'hui, amènerait l'union, enfin, immédiate, de tous les généraux contre nous* », jusqu'à « *La conscience de la situation donna soudain une confuse valeur au projet de Tchen* » (Or, 164–6) d'une part, et de « – *Tu dis que vous crevez de faim* » jusqu'à « *sa mise hors la loi.* » (169–71) d'autre part[69]. Dans le premier de ces passages, le représentant du Komintern précise la position de Moscou et du parti communiste chinois, favorable, au moins temporairement, à l'entente avec Chang-Kaï-Shek, comme unique moyen d'échapper à l'écrasement par les généraux unis contre les mots d'ordre communistes, et Kyo exprime de son côté le point de vue des militants de Shanghai et des paysans avoisinants en préconisant la rupture avec Chang-Kaï-Shek et la mobilisation des masses par la « *suppression totale, immédiate, des fermages et des créances* » (164). Dans le second apport de l'originale, la discussion se fait de plus en plus documentée, informée, technique. Les options qui s'offent aux communistes y sont clairement définies : véritables débat d'économie politique et de diplomatie internationale. Toutefois, le romanesque ne perd pas ses droits, dans la mesure où ces mises au point politiques ne sont jamais de simples pages d'Histoire. Elles éclairent une situation complexe et sont étroitement liées à l'ensemble de l'intrigue ; elles offrent autant d'indices du dénouement introduits après coup dans une œuvre déjà élaborée, dans la mesure où elles annoncent l'écrasement des combattants communistes de Shanghai, abandonnés par la direction du Komintern entre les mains de l'armée de Chang-Kaï-Shek.

L'auteur a tendance à gommer dans *La Condition humaine*, en cours de rédaction, comme dans *Les Conquérants* d'ailleurs, un certain nombre de simples figurants correspondant à des fonctions qui ont réellement existé, historiquement mêlés à ce soulèvement, tels «*le Chef de la Sûreté*» et le «*Sous-directeur*» que Ferral retrouve en entretien avec Martial, le Directeur de la police française (Ms, 104 > Or, 95), tels les nombreux généraux du Kuomintang, rivaux de Chang-Kaï-Shek. Malraux renonce vite à exploiter cette veine de l'Histoire – la rivalité entre les divers généraux du Parti National Populaire, après la mort du réformiste Sun Yat-Sen en 1925 – pour concentrer l'intérêt dramatique sur l'affrontement de Chang-Kaï-Shek, à la tête des modérés du Kuomintang, avec les communistes qui ont pris en main le soulèvement de Shanghai. Ainsi disparaissent les noms de Su-Kien (Ms, 110 > Or, 101), de Sé-Yo (Ms, 147 et 284), général de la Septième division, rival de Chang-Kaï-Shek, qui propose d'arrêter celui-ci au comité central communiste – on peut lire en marge du manuscrit : «*Ici, peut-être discussion de la situation Sé-Yo et Chang-Kaï-Shek*» (150) – enfin de Ba-Zoug-Chi (203, 301), gouverneur militaire de Shanghai, susceptible de remplacer Chang-Kaï-Shek ; dans l'originale il n'est plus nommé que par sa fonction de gouverneur militaire (Or, 249). Sans doute l'auteur est-il guidé aussi par le souci de ne point égarer le lecteur français au milieu d'un trop grand nombre de noms d'acteurs aux consonances étrangères[70]. C'est probablement cette recherche de clarté qui le conduit à exploiter un référent textuel précédemment mis en place, par là familier à ses lecteurs, en introduisant, après coup, le nom de Borodine, personnage important des *Conquérants*, dont il est longuement question dans les échanges de Malraux avec Trotsky en 1931. En effet, dans le manuscrit, Chang-Kaï-Shek dit avoir eu à se plaindre de «*quelques Russes*» (Ms, 110), l'auteur complète par un astérisque qui nous renvoie en bas de page, où il nomme Borodine. Il conserve également le nom de Gallen à la direction de l'état-major rouge.

En effet, Malraux ne se soucie pas de brosser un tableau historique complet et fidèle de cet épisode de la Révolution chinoise, mais bien plutôt de rendre sensibles et compréhensibles les prises de position de différentes tendances en face d'une situation concrète, d'où le caractère dynamique et passionné donné à ces informations. On voit s'accentuer son attention à l'égard des nuances idéologiques qui séparent les différents partis de la Révolution, incarnés dans quelques spécimens humains. On sait la place que va occuper dans *L'Espoir* cette sorte de problème à peine esquissé dans *Les Conquérants*. Ainsi Peï est peint (Or, 216-7) comme le type de l'intellectuel fervent nationaliste, soucieux de la grandeur de la Chine ; ce disciple de Tchen prépare «*une idéologie du terrorisme*» et écrit «*dans des revues vite interdites*». «*Pour lui, le communisme était seulement le vrai moyen de faire revivre la Chine.*» L'autre disciple, Souen, ne se soucie point de la Chine mais des siens, «*les pauvres*» pour qui il «*accepte de mourir, de tuer*». Autant de nuances absentes du manuscrit. Le traitement de la discussion qui se déroule dans le magasin d'horlogerie transformé en Permanence, pendant l'attaque du train blindé, entre les trois jeunes révolutionnaires Kyo, Tchen et Katow, est à cet égard très révélateur (Ms, 165-78 : fin de la Deuxième Partie). Toutes les attitudes des militants à l'égard du Parti et de ses mots d'ordre, toutes les manières de concevoir la transformation de la révolution démocratique en révolution socialiste sont abordées dans les répliques échangées entre les trois personnages. Mais l'auteur cherche moins à dessiner l'orientation précise de chacun d'eux qu'à placer un certain nombre de « choses à dire », pour faire comprendre la situation. Il se contente de les distribuer entre les protagonistes, comme il le fait d'ailleurs dans les trois autres grands débats idéologiques du roman : discussion de Kyo avec Vologuine, puis du même avec Possoz, enfin de Tchen avec ses disciples Peï et Souen. Entre les deux états du texte le dialogue est presque entièrement remodelé : les répliques sont interverties entre Tchen et Kyo, et plus souvent encore entre ce dernier et Katow. Ce « socialiste révolutionnaire » s'y montre riche d'une expérience des pratiques de l'Internationale, acquise au cours de la Révolution russe. Dans l'originale, c'est lui qui prend la défense de l'Internationale, alors que dans le manuscrit ce rôle échoit à Kyo, conscient des limites de son jugement dans ce jeu complexe de rapports de forces (Ms, 172-3) et endossant ce rôle « *plus par discipline et par réflexion que par passion* » (180), comme le narrateur le souligne en rappelant cette discussion au cours de l'entretien avec Vologuine. Une longue réplique de Katow, addition de l'originale (Or, 148-9) établit un parallèle entre la situation actuelle en Chine et la tactique de Lénine en Ukraine, les pouvoirs extraordinaires accordés à la Tchéka, apparemment contestables au nom de la justice. Il conclut : « – [...] *Le mot d'ordre actuel est bon : étendre la Rév'lution, et ensuite l'approfondir.* » (Or, 149 ; *fin de l'ajout*). L'attitude attribuée à Katow dans la version originale prend sans doute sa source et s'éclaire dans une remarque barrée sur le manuscrit, et qui se situe plus haut, à la fin de l'évocation de la fusillade à laquelle Katow a miraculeusement survécu en Lithuanie : « |*Il* [Katow] *était loin d'approuver toujours les bolcheviks ou les kuomintangs (au fond de son cœur, il était demeuré socialiste révolutionnaire). Mais depuis cette aube, pour lui, tous les combats de ce genre étaient des vengeances.*| » (Ms, 93-4>Or).

Cette dimension politique précise et concrète qui s'affirme en cours de rédaction se manifeste en particulier dans le traitement de certains personnages comme Ferral. Celui-ci, dans le manuscrit, offre d'abord des contours flous. Il nous est donné pour « réformiste » et son action est commentée d'une manière assez vague pour laisser le lecteur perplexe : « [...] *il ne pensait qu'à* |*ces règles du jeu de la vie publique en France, qu'il fallait changer. Fidèle à la démocratie par haine des ducs et de ceux qui les entourent, possédé par le goût du pouvoir et non par celui du chiqué, il entendait gouverner à l'intérieur de la République.*| » (Ms, 115>Or). On voit mal à quelle réalité politique et sociale de l'époque correspondent ces remarques! L'originale expose plus brièvement que le brouillon manuscrit les rêves de cet ambitieux opportuniste qui compte parvenir au rang de Ministre d'État en s'appuyant sur une opinion publique manipulable par les grandes agences d'information, au mépris du Parlement sans réel pouvoir; c'est pourquoi il souhaite revenir en France «*assez riche pour acheter l'agence Havas ou traiter avec elle* » (Or, 104). La position de ce capitaine d'industrie est précisée par rapport à l'échiquier politique français et son destin plus nettement recentré en relation avec l'affaire chinoise ; on trouve en particulier un assez long développement (Or, 104>Ms, 116) qui fait le bilan de l'état des sociétés contrôlées par le Consortium Franco-Asiatique en ce mois de mars 1927. Les ambitions de Ferral avaient encore dans le manuscrit un caractère moral où résonnait on ne sait quel écho gidien : « |*Il faut plusieurs vies pour devenir marchand de canons, et il ne disposait que d'une. Mais, avec les vraies puissances, il pourrait traiter. Ou combattre. Il aimait à combattre, pourvu que que ce fût assez haut.*| » (Ms, 115>Or). De même après la très longue discussion entre Gisors et Ferral, d'ordre philosophique et moral, qui éclaire le caractère du personnage, Malraux éprouve le besoin de faire suivre cette séquence d'un aparté de Gisors qui redonne une dimension politique et sociale à ce débat. Ferral redevient l'incarnation du «*capitalisme moderne*» (Or, 272).

L'analyse de la situation économique, des mouvements internationaux de capitaux est également plus développée dans l'originale. Elle est placée en particulier dans le champ d'investigation de Ferral au cours de sa conversation avec le banquier chinois Liou Ti-Yu (Or, 131 et 135 > Ms).

Tous les personnages sont plongés dans un contexte politique comme dans un réactif puissant auquel ils sont inévitablement soumis. Malraux semble avoir bien tranché, pour son compte, la question qu'il se proposait de développer, mais sans savoir où la placer, comme l'indique la notation en marge de la séquence où Kyo fait en prison l'expérience de l'abjection humaine : «*Vanité de la politique, où?*» (Ms, 383). La position politique tend à primer dans la hiérarchie des valeurs prises en compte. Ainsi le vieux mandarin chinois rencontré chez Gisors est au départ, dans le manuscrit, un professeur qui entremêle ses propos de références à Confucius et à Carlyle, et s'entretient avec Gisors de ses étudiants. Une correction postérieure (encre bleue, sur Ms*B*, 72 rédigé en noir) porte en tête des propos du personnage quelques remarques sur la condition des femmes et sur leur nécessaire et absolue soumission aux hommes. Ces paroles venant aussitôt après le récit fait par May d'une tentative de suicide qui illustre la dramatique et pitoyable condition des femmes chinoises modifient la signification globale du personnage : ce défenseur de «l'ordre», à la robe brodée, devient l'incarnation de l'individu «cramponné au passé», à une tradition commode pour l'exploiteur, au colonialisme (il parle anglais avec Gisors), face à une révolution qui remet en question toutes les formes d'oppression.

*

La consultation des états successifs du texte permet d'y découvrir la trace laissée par l'évolution politique du créateur au cours des trois années de gestation. Celles-ci marquent un des tournants essentiels de sa biographie individuelle, comme pour beaucoup de ses contemporains soumis à l'urgence d'un choix plus complexe que le recul du temps et les simplifications de l'Histoire ne le laissent penser à notre époque. Malraux va passer de la position et de la réputation d'anarchiste, de ce que Roger Martin du Gard appelle « *le révolutionnaire-pur sans savoir où on va* » [71] qui est encore la sienne en 1929-1930, par besoin de « *secouer les colonnes* », « *goût du risque* », « *irrespect courageux* », à celle de compagnon de route déclaré et officiel des communistes, dès les premiers mois de 1933. Il est inutile de rappeler en détail le contexte historique trop connu de ces années 1932-1933. Malraux commence à y jouer sa partie dans les manifestations d'intellectuels rassemblés aux côtés des communistes pour combattre la menace du fascisme. La prise du pouvoir par Hitler le 30 janvier 1933 marque un tournant décisif de sa conduite politique : Malraux rejoint au cours du deuxième semestre de la même année le groupe de l'Association des Écrivains et Artistes révolutionnaires (A. É. A. R.), fondée en mars 1932 [72] et placée sous la protection de Maurice Thorez. *Commune*, la revue militante de l'A. É. A. R., dans son premier numéro, daté de juillet 1933, souligne le récent rapprochement de Malraux avec cet organisme. On y lit en effet, dans un article de Jean Audard, consacré à *La Condition humaine* : « *Ce livre nous intéresse d'abord, en raison de la personnalité de Malraux, qui s'est rapproché de nous à plusieurs reprises ces derniers mois, et surtout en raison de son sujet et des problèmes qu'il pose aux intellectuels révolutionnaires.* » [73]. La même revue permet de dater exactement la participation active de l'écrivain aux discussions et manifestations placées sous l'égide de l'A.É.A.R. puisqu'elle les transcrit régulièrement, tel le meeting présidé par Gide en mars 1933 contre l'hitlérisme. Malraux y siège en compagnie de Jean Guéhenno, Eugène Dabit, Paul Vaillant-Couturier. Les communistes en sont les véritables organisateurs. C'est la première fois que Malraux prend la parole dans un cercle aussi militant, et s'il n'est pas encore très à l'aise, il y tient des propos sans ambiguïté : « *A la menace, répondons par la menace, et sachons nous tourner vers Moscou, vers l'Armée rouge !* »[74]. *La Condition humaine* marque un net tournant dans l'orientation politique de l'œuvre romanesque ; elle subit le contrecoup d'un changement opéré en cours de gestation. Quoique ce ne soit pas le premier roman de l'auteur où il soit question de la révolution, le récit malrucien commence toutefois à virer de bord pour se ranger dans la lignée de *Commune* qui prétend concourir à faire « *connaître les éléments vivants d'une culture révolutionnaire* » (*Commune*, juill. 1933), avant de prendre résolument ce cap avec *Le Temps du mépris* et *L'Espoir*. La réception de *La Condition humaine* dans la presse en 1933 par les critiques de tout bord prouve que ceux-ci ont déjà été troublés et divisés par la nature hybride de l'œuvre, à la fois drame individuel et roman de la révolution[75]. En fait cette ambiguïté à laquelle le roman doit une partie de sa richesse, tient, à notre avis, à ce contexte situationnel très prégnant au moment de la mise au point du roman ; cela a conduit l'auteur à d'ultimes retouches qui ont modifié le sens et la portée de l'aventure des héros. En effet la position politique de Malraux évolue alors sensiblement. En 1929, cet admirateur passionné de Trotsky, héros presque légendaire déjà de la Révolution d'octobre, aurait dressé les plans d'une expédition au Kazakhstan pour délivrer Léon Trotsky, déporté à Alma-Ata sur l'ordre de Staline. Malraux, d'après ce que rapporte Jean Lacouture, « *avait mis beaucoup de soin à la préparation de ce pharamineux projet et prévu de créer une association chargée de recueillir les fonds nécessaires* » (p. 209 [5]). Mais quand, en avril 1931, Trotsky lui fait l'honneur d'un long article critique sur *Les Conquérants* [76], la réponse du jeune romancier manifeste déjà une certaine divergence politique, dans l'interprétation de l'Histoire, par rapport au compagnon de Lénine. Celui-ci estimait que ce livre faisait « *à l'insu de l'auteur* » (p. 488 [76]) le procès de la stratégie chinoise du Komintern et de Staline, en montrant tout le tort que la petite bureaucratie étrangère (les Borodine, Garine, Gallen etc.), sous la dépendance du Komintern, avait fait à la cause révolutionnaire en s'alliant à l'aile droite du Kuomintang au détriment du peuple incarné par Hong et en prétendant contrôler la lutte de classes en Chine. Malraux en réponse se fait l'avocat du diable :

L'Internationale [...] n'eut pas le choix. J'ai dit que son objectif était de donner au prolétariat chinois, le plus vite possible, la conscience de classe dont il avait besoin pour tenter la prise du pouvoir ; or l'obstacle le plus vigoureux que rencontrât alors la conscience de classe était la conscience de société. Tout militant chinois était membre d'une de ces sociétés innombrables, dites secrètes, dont l'histoire est l'histoire de la Chine depuis 1911 ; le Kuomintang était la plus puissante d'entre elles ; [...]. Avant la fusion, la doctrine communiste était celle d'une société naissante ; aussitôt après elle devenait une des doctrines de la société la plus nombreuse. [...] Je ne puis d'ailleurs qu'admirer le rôle héroïque, au sens le plus réaliste du mot, que Trotsky réclame du prolétariat. Mais je dois le confronter aux faits, constater qu'une Tchéka plus forte (le Kuomintang contrôlait la propagande, non les services secrets) eût été, à partir de Han-Kéou, une solution possible. (p. 506-7 [76])

Dans sa contre-attaque le jeune Malraux va jusqu'à prendre en considération le point de vue de Nicolaïeff, que l'univers du livre condamnait sans ambiguïté ! Mais dans les mêmes mois, Malraux met en chantier son deuxième roman qui traite de la Chine insurgée, et sa thèse « possibiliste », fondée sur le fait qu'en 1925-1926 le parti communiste chinois ne peut rien entreprendre seul et n'a d'existence que dans l'alliance avec le Kuomintang, n'est pas soutenue par le héros. Kyo, s'il ne prône pas les méthodes terroristes, manifeste à l'égard de Tchen la même compréhension que Trotsky vis-à-vis de Hong! L'auteur confie la thèse dont il s'était fait le défenseur à Vologuine qui la reprend très fidèlement. Il module donc en personnages sa discussion avec Trotsky et le procès du Komintern devient le thème central de l'intrigue – cette fois très explicite –, Trotsky accusant les Borodine et Garine d'avoir «*placé la révolution à la remorque des banquiers et des marchands*» (p. 495[76]). Le romancier va mettre dans le même camp ces banquiers et ces marchands manœuvrés par Ferral et l'aile droite du Kuomintang en la personne de Chang-Kaï-Shek et de ses officiers. Tchen le terroriste remplace le Hong des *Conquérants* qui, selon l'avis de Trotsky, «*essaye par le revolver et le poignard d'agir* pour *la masse que paralysent les agents du Komintern*». Et le dialogue entre Borodine et Hong, que le compagnon de Lénine considérait comme «*le plus effroyable réquisitoire contre Borodine et ses inspirateurs moscovites*» (p. 498[76]), est en quelque sorte réitéré entre Vologuine et Tchen, lui aussi «*à la recherche d'actions décisives*» ; le «*nœud*» dans lequel Trotsky estimait que «*la révolution chinoise fut étranglée*» est justement celui que l'auteur passe au cou de ses principaux héros, Kyo, Katow, Souen etc. Le chef des bolcheviks-léninistes, qui vient d'être expulsé de France, portera à nouveau un jugement favorable sur ce second roman, dans l'organe de la Ligue communiste :

Qu'on lise attentivement les deux romans de l'auteur français Malraux, *Les Conquérants* et *La Condition humaine*. Sans se rendre compte des relations et des conséquences politiques, l'artiste formule ici un acte d'accusation foudroyant contre la politique de l'Internationale communiste en Chine et confirme par des tableaux et des personnages, de la façon la plus frappante, tout ce que l'opposition de gauche avait expliqué avec des thèses et des formules... (*La Vérité*, 6 avril 1934)

Mais ce que Trotsky ignorait, c'est que l'attaque dirigée contre l'Internationale et sa bureaucratie en la personne de ses délégués était beaucoup plus sévère et plus nette dans le premier jet du roman. En cours d'écriture, le sens du texte s'infléchit. Au départ, les hommes qui incarnent les rouages de transmission de Moscou en Chine y étaient fort maltraités ; puis les nombreux ajouts, les ratures, les biffures du manuscrit, la version de l'originale nuancent cette accusation, sans toutefois la supprimer. Malraux éprouve toujours autant de sympathie pour le proscrit, auprès duquel il sollicite une entrevue (accordée, en juillet 1933, aussitôt après la sortie de son roman) et dont il prendra encore la défense en avril 1934, après l'expulsion de celui-ci par le gouvernement Doumergue, en publiant dans *Marianne* un compte rendu émouvant de cette dernière entrevue avec lui, et en prenant publiquement sa défense dans des manifestations organisées en sa faveur. Mais l'homme est un vaincu qui n'a plus le pouvoir de s'opposer à la menace hitlérienne, et plus d'influence sur l'orientation politique de son pays ; aussi Malraux a tendance à se tourner vers le P.C.F. et Moscou, et à accepter, par souci d'efficacité, par tactique, le stalinisme. Si Trotsky, de son côté, ne peut se permettre de négliger une voix comme celle-ci pour défendre sa cause, et s'il lui manifeste encore sa sympathie dans l'article sur *La Condition humaine* que nous venons de citer, il a senti le virage que Malraux a pris dans ces derniers mois de la gestation de son roman puisque, toujours d'après les informations de Jean Lacouture, « *Dès le lendemain de la visite de Malraux à Royan, L.*[*éon*] *D.*[*avidovitch*] *avait mis en garde ses compagnons contre un homme qui était en relations avec le P.C.F. et se rendait à Moscou. Méfiance qui avait été qualifiée d'" exagérée " par son entourage.* » (p. 217[5], n. 2).

Quoique l'œuvre écrite soit évidemment soumise à des lois propres d'engendrement, dans un roman comme celui-ci il serait vain d'invoquer l'indépendance du créateur à l'égard des conditions historiques qui ont entouré la naissance du texte. Celle-ci n'est pas le reflet direct d'une situation, d'une idéologie, mais elle comporte des corrélations et des échos indiscutables entre l'univers qu'elle constitue et la vision de l'auteur qui nécessairement l'informe. Cela est d'autant plus sensible au niveau des retouches et des rectifications, qui sont en général la manifestation d'une volonté et d'une intention lucide. Ainsi, dans ce tableau d'Histoire de notre temps, voyons d'abord – mise à part la dimension humanitaire de la Révolution, à laquelle Malraux donne une adhésion immuable – comment sont représentées les deux grandes organisations révolutionnaires, Kuomintang et Komintern.

La première est manifestement déconsidérée par rapport à la seconde. Mais celle-ci n'obtient l'adhésion constante de l'auteur, pendant toute la gestation du roman, qu'en la personne des communistes chinois nationalistes qui se battent dans leur propre pays, comme Kyo et Tchen. Une remarque du narrateur fait d'ailleurs de cette option un choix d'intellectuels : «*Ni l'un ni l'autre* [Tchen et Souen] *n'ignoraient combien était élevé le nombre des nationalistes parmi les communistes, parmi les intellectuels surtout.*» (Or, 216).

En revanche, le manuscrit offrait, en un passage modifié dans l'originale (Ms, 185 / Or, 160), une description plus critique de la faune qui encombre l'entrée de la Délégation de l'Internationale, avec ses «*indicateurs*» et ses «*tchékistes*». Les hommes qui incarnent les rouages de transmission de Moscou en Chine n'y étaient guère plus flattés que dans *Les Conquérants* : moins inquiétants que Nicolaïeff, mais moins prestigieux que Borodine. On nous peint ici plutôt le «tout venant»! On lisait d'ailleurs dans le manuscrit cette remarque que celui qui est en train de devenir un «compagnon de route» du communisme orthodoxe va faire disparaître :

L'Int. s'efforçait de placer aux emplois administratifs secondaires un assez grand nombre de non-Russes, pour échapper au reproche de nationalisme |*qui lui était fait par C. K. S.*| (Ms, 213 ; Ms>Or)

Le secrétaire de la Section du Komintern chargé de Shanghai, Vologuine, était doté d'un certain nombre de caractéristiques négatives, révélatrices de l'idée assez piètre que l'auteur se faisait (au moment où il rédige le brouillon *B*) du type d'hommes parmi lesquels recrutait le Komintern. Les allusions au passé du personnage l'apparentent quelque peu au chef de la police de Chang-Kaï-Shek, König, homme engagé par besoin de « compenser » et au Nicolaïeff des *Conquérants*, ancien agent indicateur de l'Okhrana avant d'opter pour la Tchéka. Ces propos de Tchen soulignaient l'aspect trouble du personnage :

– Il se trompe. C'est clair. Mais je le sens très proche de moi +|malgré son air mou|. C'est un homme qui se défend.
– Ça veut dire ?
– Il y a ce qu'il a raconté de la Tchéka : qu'après, ils devenaient misérables. Délateurs. Bons à rien. Il y a sûrement autre chose. Il lui est arrivé pire. Sûrement. Certaines choses, l'esprit ne s'arrange jamais avec elles... [...] (Ms, 211-2 ; Ms>Or)

Et en marge, au crayon : « *développer* ».

Des ajouts marginaux ou interlinéaires dans le manuscrit accentuent le passé douteux et l'apparence antipathique de ces types d'aventuriers envoyés par Moscou dans tous les points chauds du globe, pour y représenter les intérêts du Komintern :

+|– Avant Canton, j'ai milité dans les pires pays.| En Finlande. En Hongrie.
+|Il semblait de plus en plus indifférent à ce qu'il disait. « Il ne ressemble ni à un curé ni à un acteur, pensa Kyo. Il ressemble exactement à un loir. » Seule l'image d'un animal justifiait l'étrange contact qu'il avait avec cet homme à la fois proche et fermé.| En Hongrie, nous étions trois. Ensuite nous sommes allés en Espagne. Action, enfin... clandestine, mais sans danger. Sans danger, nous avons commencé à nous dénoncer mutuellement à Moscou. Je vais te dire c'est toujours comme ça. Il y a ici beaucoup d'anciens tchékistes. Toujours comme ça. Je ferai de mon mieux, mais il peut arriver n'importe quoi ici, aucune importance. Mourir, aucune importance. Je ne veux pas retour-

ner en Espagne, en France, dans ces pays enfin où on devient fou. Ici, on est tranquille. » (Ms, 194-5)

Voilà ce qu'on peut appeler une représentation sans indulgence de ces épigones de la révolution russe : individus « brûlés », désespérés, qui servent pour donner un sens à une existence qui n'en a plus. Et le texte de poursuivre :

Et, un peu plus haut, comme si ne plus penser à lui eût changé le timbre de sa voix :

– Si chacun veut juger, rien ne marchera. Il faut seulement suivre les instructions du Comité central. Nous sommes communistes. Suivons la discipline communiste. C'est tout. » (Ms, 195)

En marge, on lit : « *C'était juste. C'était aussi le principe de toutes les folies.* » Rien de tout cela ne subsiste dans la version originale, sinon une apparence physique dévalorisante, puisque le personnage y reste doté de tous ces traits dont Malraux affuble dans ses romans les personnages « négatifs », opposés à ses héros. L'hostilité intellectuelle et idéologique s'est estompée, demeure un dégoût, que nous appellerions « épidermique », pour ce type de communiste à l'obéissance inconditionnelle (Ms, 211). Dans le manuscrit, Tchen accuse Vologuine (encore nommé Raguine) d'être « malin » et lui rappelle que les masses font appel à eux pour être leur conscience :

Chaque jour, vous démolissez davantage le Parti. Et sa force. Et son prestige. Encore six mois de ce jeu, nous deviendrons une société secrète [77]. Assez. Ce n'est pas pour l'astuce qu'on se fait tuer. Ni qu'on tue... (Ms, 205)

Quelques pages plus loin, Malraux revient sur cette même idée qu'il prête cette fois à Kyo s'adressant à Possoz :

|Il ne s'agit pas d'être tellement malin : révolutionnaires prolétariens, nous devons toujours penser prolétariens d'abord. C'est ce qu'a fait Marx. C'est ce qu'a fait Lénine. C'est du simple bon sens.|

(Ms, 220*bis*>Or)

Cet autre représentant du Komintern est donné d'emblée pour un personnage plus sympathique, proche du héros qui a confiance en lui. Quoiqu'il prône, comme Vologuine, l'obéissance à la ligne générale définie par le Parti, il se nuance dans l'originale, où il se révèle moins sûr de lui, *« de plus en plus inquiet »* (Or, 183) en écoutant Kyo lui exposer la situation des combattants de Shanghai et, fort troublé à l'idée qu'on ait pu faire tirer des communistes sur des paysans révoltés, il préfère croire l'information erronée. Kyo se contente de lui répondre : *« – Qu'on puisse le dire parmi nous suffirait. Ce n'est pas le moment d'entreprendre des enquêtes de six mois. »* (184).

Ainsi, le narrateur ne se prononce pas sur la véracité de cette accusation capitale pour l'histoire de la révolution chinoise, mais la manière de juger les actes du Parti (infaillible pour Vologuine, qui ne doit pas faillir pour Possoz et Kyo) offre une représentation des communistes plus nuancée que celle du manuscrit. La version originale annonce déjà la variété des visages du communisme incarné dans les Pradas, Enrique et Attigniès de *L'Espoir*.

Les discussions de cette Troisième Partie, qui reproduisent des débats entre communistes, ne sont pas exemptes d'une certaine logomachie dans le manuscrit. On croit y percevoir par instants une pointe d'ironie ou un effet parodique de la part du romancier ; par exemple dans un discours quelque peu didactique et pesant à propos du danger des actes terroristes aux yeux de l'Internationale, actes sans grande valeur, parfois nuisibles, la première nécessité étant de développer *« la conscience révolutionnaire, la conscience de classe des masses »* (Ms, 199). De ce discours ne subsiste dans l'originale que cette simple réplique : *« – Tu sais ce que l'Internationale pense des actes terroristes, répondit Vologuine. Je ne vais pas te faire, enfin, un discours là-dessus. »* (Or, 168). Condensation d'ordre esthétique ou vision moins caricaturale d'une certaine dialectique conventionnelle, chez le « bourgeois » Malraux? Il est difficile de trancher. Mais on aurait tendance à pencher vers la seconde hypothèse en lisant encore ceci dans le manuscrit : «*Raguine ne pouvait ignorer que Tchen avait entendu vingt fois ce discours.* [...] *Kyo restait surpris. Cette discussion idéologique manquait par trop du poids qu'entraîne la volonté de meurtre. Un peu discours chez le bistrot, malgré la bombe dont il s'agissait.*» (Ms, 200>Or). À cette approche extérieure, légèrement caricaturale de manière plus ou moins volontaire, va se substituer dans l'originale la langue des hommes en lutte qui cherchent ensemble comment agir au mieux des intérêts de la révolution : la situation difficile n'offre aucune issue idéale. L'auteur s'oriente vers ces débats entre mystique et politique qui feront l'originalité de *L'Espoir*. On trouve en particulier, dans ce nouvel état du texte, une analyse différente de la démarche préconisée par l'Internationale :

– Renforcer le noyau communiste de l'armée de fer. |Nous pouvons aider un plateau de la balance contre l'autre. Nous ne sommes pas une force par nous-mêmes. Les généraux qui combattent avec nous, ici, haïssent autant les Soviets et le communisme que Chang-Kaï-Shek. Je le sais, je le vois, enfin... tous les jours. Tout mot d'ordre communiste les jettera sur nous. Et sans doute les mènera à une alliance avec Chang. La seule chose que nous puissions faire est de démolir Chang en nous servant d'eux. [...] Parce que la propagande nous apporte autant d'hommes que la victoire leur en apporte, à eux. Nous montons avec eux.| (Or, 163>Ms, 191)

Ici, et dans un nouvel ajout à la page suivante, les instructions du Parti apparaissent méditées et défendables, seules mesures efficaces pour finir par vaincre. Se met donc en place l'exposition raisonnable d'une stratégie rendue nécessaire par le contexte. L'esprit d'opportunisme du Parti y est objectivement expliqué sinon justifié. En revanche, plus trace dans l'originale d'un passage comme celui-ci qui pourrait sembler une prise de position en faveur de Trotsky ; Tchen fait un parallèle entre Lénine et Chang-Kaï-Shek pour convaincre son interlocuteur que la disparition du général chinois peut changer la face de l'Histoire. À quoi Raguine répond qu'il y aurait eu un autre Lénine, comme il y aura un autre chef militaire : « *Vous dites un autre. Mais cet autre aurait peut-être été Trotsky, à qui vous reprochez tant de choses... Raguine haussa les épaules.* » (Ms, 200>Or). Sur Trotsky, Malraux se fait de plus en plus discret, comme nous avons pu le constater déjà dans les variantes de l'édition Ferenczi des *Conquérants*[2], la seule qui corresponde à ces années d'engagement aux côtés des communistes (1933). Ne voulant pas brûler l'idole qu'il a jusqu'ici adorée, il observe à son égard le silence ou se contente d'allusions neutres.

La représentation des combats révolutionnaires s'infléchit également en cours de rédaction. En 1931, Malraux n'a pas encore versé sans réserve dans le camp de la révolution, il est à la croisée des chemins. La plupart des Occidentaux ont été effrayés par le prix de la guerre civile, par la terreur et les exactions qui régnèrent en Russie entre 1917 et 1922. Une anecdote contée par Tchen dans le manuscrit ne cache pas l'envers du décor, sanglant, cruel, parfois absurde des jours de révolte. Des « richards » y sont condamnés et massacrés après consultation à main levée d'une assemblée élue de prolétaires, « une espèce de Soviet », qui n'a compris ni la question ni l'enjeu du vote. Le verdict est suivi d'effet, séance tenante, et les hommes exécutés. L'assemblée s'en étonne mais il est trop tard et Tchen de conclure : « " [...] *Je n'en suis pas à 20 richards de plus ou de moins. J'ai vu assez de morts. C'est pourtant... insoutenable.* " » (Ms, 211>Or). Kyo reçoit cette confidence, dont il a senti venir l'approche, à la fois comme un signe d'« *amitié* » et « *comme une menace* ». Au cours de la discussion entre Tchen, Katow et Kyo, à la fin de la Deuxième Partie, les propos de Katow ajoutés dans l'originale sont plus nuancés, et justifient les brutalités et les condamnations contre les exploiteurs du peuple. Dans le même état du texte, Possoz, après son entretien avec les déchargeurs du port révoltés, rend hommage aux « *autres, les gars qui travaillent des quinze, seize heures par jour sans présenter une seule revendication, et qui le feront jusqu'à ce que nous soyons tranquilles* » (Or, 182) ; une remarque similaire se trouve dans les propos de Vologuine (162), mais le manuscrit, lui, offrait une vision moins valorisante de ces masses prolétariennes affamées sur lesquelles se fondent les espoirs de la révolution : « *C'est pas facile – son accent devenait de plus en plus amer – de faire des citoyens conscients.* » (Ms, 217bis>Or) et d'évoquer le pillage des concessions étrangères par ces hommes réduits aux abois.

Le texte du manuscrit soulignait encore le prix que doivent payer non seulement les ennemis de la révolution mais aussi ses pionniers, destinés à être plus tard rejetés par elle, comme on peut le voir dans ces réflexions de Kyo :

| [...] Le regard perdu, il se laissait écraser par la pire fatalité de la révolution, celle qui la contraint à se nourrir de ses fils. Son père disait : « Il y a parmi les bolcheviks de Chine beaucoup de socialistes-révolutionnaires de caractère. Le révolutionnaire à mobile éthique est peut-être indispensable en son temps ; dès la prise du pouvoir il est dépassé. » Ses amis – même Katow, bien que son cas fût plus complexe – étaient sans doute de ces accoucheurs condamnés. |

(Ms, 175-6>Or, 152)

On trouve là comme un prolongement de la problématique touchant Garine, le héros des *Conquérants*, roman qui est loin d'être encore un hommage sans réserves à la révolution soutenue dans le monde par l'Internationale communiste. Kyo craint que la Révolution ne se prépare à « *rejeter à la solitude avec leurs souvenirs d'assassinats* » (Ms, 175>Or) Katow comme Tchen, quoique les deux jeunes gens aient « *fait à la Révolution le sacrifice d'eux-mêmes et des autres* ». L'originale n'envisage ce destin que pour le jeune terroriste Tchen (Or, 151).

Mais les modifications les plus significatives de l'engagement progressif de l'auteur en cours de rédaction sont celles qui concernent le destin des cinq principaux personnages du roman. Le sens global de celui-ci en est profondément transformé. En effet, dans l'originale, Hemmelrich, incarnation du peuple pour lequel se battent les révolutionnaires, va survivre, contrairement aux autres combattants du roman, et se venger en tuant un officier qui, le menaçant de sa baïonnette, se met tout à coup à représenter à ses yeux «*cette race d'heureux*» (Or, 329) à bonne conscience qui, depuis trente-sept ans qu'il est au monde, l'étouffe. Les gouttes de sang qui tombent de la main du mort semblent enfin effacer la trace du sang des siens qu'Hemmelrich croyait toujours voir sur ses propres mains depuis la découverte de leurs cadavres. Il revêt alors les habits du mort et s'enfuit indemne de la Permanence assiégée par le Kuomintang (329-30). Dans le même contexte anecdotique, l'auteur a simplement opéré une permutation des rôles. Dans le manuscrit, l'officier, qui représente les classes favorisées, l'emporte. Il ne suffit pas qu'Hemmelrich ait vu les siens massacrés, il lui faut encore tomber à son tour entre les jambes du Chinois «*comme un lapin boulé*» (Ms, 376), les intestins transpercés, définitivement vaincu. Il n'est plus question de lui dans les deux dernières Parties. Au contraire, dans l'originale, le contenu de la lettre de Peï que May lit en se rendant chez Gisors, au début de la dernière séquence du roman, achève la transfiguration de son destin : le lecteur y apprend qu'Hemmelrich connaît enfin un sort plus heureux. À travers lui la réalisation des espoirs du prolétariat – retrouver sa dignité dans un travail qui pour lui a un sens – devient une réalité. Le changement de son destin justifie le sacrifice des combattants morts, comme Kyo et Tchen, pour concrétiser l'idéal marxiste inculqué par celui qui les a formés, Gisors, et rappelé par Peï dans cette même lettre, aussitôt après les nouvelles concernant Hemmelrich :

[...] il [*Gisors*] disait : «Une civilisation se transforme, n'est-ce pas, lorsque son élément le plus douloureux – l'humiliation chez l'esclave, le travail chez l'ouvrier moderne – devient tout à coup une valeur, lorsqu'il ne s'agit plus d'échapper à cette humiliation, mais d'en attendre son salut, d'échapper à ce travail, mais d'y trouver sa raison d'être. Il faut que l'usine, qui n'est encore qu'une espèce d'église des catacombes, devienne ce que fut la cathédrale et que les hommes y voient, au lieu des dieux, la force humaine en lutte contre la Terre...»

(Or, 393>Ms)

Cette lettre de Peï valorise également le rôle du terroriste Tchen. Lui non plus n'est pas mort en vain : son disciple, conformément à son ultime vœu au moment de leurs adieux avant l'attentat manqué contre Chang-Kaï-Shek, continue son œuvre d'agitateur et propage sa pensée par ses actes et ses écrits. Peï « *témoigne* » (Ms, 262 ; Or, 222). Ces redistributions des destins et des rôles sont très tardives, puisque sur les épreuves de l'originale, Peï mourait en prison : c'était à lui que Katow faisait don de son cyanure et non à Souen (placard correspondant à Or, 366-7). Le romancier fait survivre, dans la version imprimée, celui des deux disciples qui est capable d'agir par ses écrits. On imprime et même on réimprime clandestinement des brochures où Peï rapporte anonymement deux versions de la mort de Tchen, l'une « *selon son cœur* » (392), « *l'autre pour les traditionalistes* », toutes deux servant la mémoire de son maître et propageant le récit de son martyre. Plus loin, un nouvel apport de l'originale confirme l'efficacité de son exemple : May rappelle à Gisors que ses camarades n'« *ont pas oublié ; il y a eu deux attentats terroristes depuis sa mort* » (397).

Ouvrons une parenthèse pour remarquer que Malraux reconsidère une troisième fois le rôle du terroriste Tchen, pour en infléchir le sens, dans l'édition de la « Bibliothèque de la Pléiade » en 1947. Entre-temps ses convictions ont changé. Selon une habitude que nous avons déjà vue à l'œuvre à propos du texte des *Conquérants*, il pratique, en parcourant son roman pour une réédition, des retouches discrètes mais décisives dans certaines scènes clés, pour les mettre en conformité avec ses convictions du moment. Cette manière de reconsidérer l'expérience humaine transcrite par le roman selon une optique immédiate et subjective s'exprime dans des détails de tout ordre – pas seulement politiques –. En 1933 il met dans la bouche de Gisors cette affirmation : « [...] *il ne faut pas neuf mois, il faut cinquante ans pour faire un homme, cinquante ans de sacrifices* [...]. » (Or, 401) ; mais en 1947 cela devient soixante ans (R, 432) : l'homme, plus âgé, recule les limites de la vie active! À propos de Tchen, Malraux n'a pas supprimé l'ajout cité plus haut (Or, 397) qui confirme la poursuite de son action terroriste, la marginalité et la vulnérabilité de l'homme. Mais la version nouvelle de la « Bibliothèque de la Pléiade » offre une condamnation décisive du terrorisme à travers son représentant. Il n'y est plus question des publications à sa gloire. Il est même, en quelque sorte, renié ou oublié par les siens : «*Pas un mot de Tchen*» (R, 427), constate May, après lecture de la lettre de son disciple. Le jugement qu'elle s'est formé sur le héros-martyr à travers les propos de Peï déconsidère son option de vie : «*Elle était loin de juger ce qu'il* [Peï] *écrivait sans importance; mais que tout cela lui semblait intellectuel – comme lui avait semblé ravagé de l'intellectualité fanatique de l'adolescence tout ce qu'il lui avait rapporté de Tchen!*» (R, 427 >Ms et Or). La tentation terroriste y est assimilée à une folie d'adolescents. Par la même occasion, Malraux fait disparaître cette remarque des confidences de Peï à May sur ses projets : «*Je ne serai jamais un communiste pur.*» (Or, 393 >R). Il y aurait une étude à faire des fluctuations de la vision du terrorisme par Malraux aux différentes étapes de sa vie, à travers ses trois romans révolutionnaires et leurs variantes!

Pour en revenir au destin des principaux héros dans l'édition originale de 1933, constatons que cette lettre de Peï, absente du manuscrit, fait survivre dans l'esprit de ceux qui l'ont entendue la parole marxiste de Gisors. Quoique l'homme soit devenu indifférent à la vie et à ses combats, son enseignement n'est pas mort. Une série d'autres ajouts, de plus ou moins grande étendue, insérés dans cette dernière séquence du roman tire l'aventure individuelle du héros Kyo pleuré par les siens vers l'espoir de lendemains meilleurs, transformant ainsi ce récit d'une révolution manquée en un hymne révolutionnaire. Une mélodie discrètement émouvante sur cet espoir qui ne saurait mourir métamorphose en dernière instance l'aventure des Kyo et Katow, qui objectivement ont échoué puisqu'ils sont morts écrasés par des forces adverses. Quatre additions[78] dont le ton et l'ampleur vont *crescendo* glorifient leur combat fraternel comme un mouvement irrésistible vers la lumière. Leur passage sur terre a contribué à changer le cours de l'Histoire. On ne peut résister au plaisir de citer un peu longuement ces très beaux textes lyriques : «*La Révolution venait de passer par une terrible maladie, mais elle n'était pas morte. Et c'étaient Kyo et les siens, vivants ou non, vaincus ou non, qui l'avaient mise au monde.*» (Or, 393). Plus loin, May affirme que si les combattants sont «*politiquement battus*» (395), des «*groupes clandestins se reforment dans toutes les provinces*» et elle rappelle à Gisors son propre enseignement : «*Vous disiez :* "*Ils se sont éveillés en sursaut d'un sommeil de trente siècles dont ils ne se rendormiront pas.*" *Vous disiez aussi que ceux qui ont donné conscience de leur révolte à trois cents millions de misérables n'étaient pas des ombres comme les hommes qui passent, – même battus, même suppliciés, même morts...*» Enfin si elle-même n'envisage plus de satisfaire son désir passionné d'avoir un enfant, elle entrevoit pour Kyo une survie plus prestigieuse que celle accordée au commun des hommes à travers leurs descendants de chair.

Dans la répression abattue sur la Chine épuisée, dans l'angoisse ou l'espoir de la foule, l'action de Kyo demeurait incrustée comme les inscriptions des empires primitifs dans les gorges des fleuves. Mais même la vieille Chine que ces quelques hommes avaient jetée sans retour aux ténèbres avec ce grondement d'avalanche n'était pas plus effacée du monde que le sens de la vie de Kyo du visage de son père.
(Or, 400)

Ainsi tous ces éléments nouveaux propres à l'originale – la séquence de Kobé en comporte une douzaine – absents du brouillon *E*, lui-même tardivement rédigé et fort travaillé dans cet épisode final, amplifient considérablement la portée de l'aventure des héros[79].

L'expérience révolutionnaire y est par ailleurs replacée étroitement dans l'orbite de l'U.R.S.S. Tombe de la fameuse lettre de Peï une coupure de journal que celui-ci a jointe : à propos du premier plan économique dénommé « Plan quinquennal (1927-1932) », on y souligne le rôle de leader joué par ce pays dans la transformation de la condition ouvrière, et les espoirs qu'on peut fonder sur un prolétariat mû par l'idéal communiste :

Le travail doit devenir l'arme principale du combat des classes. Le plan d'industrialisation le plus important du monde est actuellement à l'étude : il s'agit de transformer en cinq ans toute l'U. R. S. S., d'en faire une des premières puissances industrielles d'Europe, puis de rattraper et de dépasser l'Amérique. Cette entreprise gigantesque...

(Or, 393 ; fin du premier long ajout de la séquence)

La Russie y apparaît comme le lieu d'asile et de repli pour ces combattants abattus : déjà dans le brouillon *E*, Gisors était nommé professeur à l'Institut Sun Yat-Sen de Moscou, et un ajout au crayon en marge laissait entendre que l'activité de May allait se déployer désormais dans ce pays (Ms, 417). L'originale développait : « *Je serai à Vladivostok après-demain, et je partirai aussitôt pour Moscou. Si ça ne s'arrange pas, je servirai comme médecin à Moscou même ou en Sibérie.* » (Or, 394). Toutefois figurait dans l'état *B* du manuscrit, pratiquement le plus ancien comme on l'a vu, une remarque qui faisait apparaître Moscou sous le jour d'une grande puissance semblable aux autres, prise dans les passions aveugles et déchaînées des volontés humaines cherchant à imposer des intérêts particuliers : « "*Moscou n'admettra pas...*" *Et de l'autre côté, c'étaient New York, Londres,*

Paris, qui n'admettraient pas... Et elles non plus ne savaient pas, elles aussi ne pouvaient qu'organiser dans leur obscurité les passions et les volontés et tenter d'en faire un monde. » (Ms, 208). Malraux a laissé subsister ce passage dans les états suivants sous une forme à peu près identique (Or, 174 / R, 287). Autre signe de cette ambiguïté : il faut souligner que le discours idéologique dont l'élément doctrinal marxiste est le plus marqué n'est pas pris en compte par le narrateur. Celui-ci garde ses distances puisqu'il n'est pas le sujet de l'énonciation ; paroles de personnages transcrites par le biais d'une lettre ou coupure de presse, ce sont de véritables collages enchâssés dans l'énoncé comme pièces rapportées, avec usage de caractères distincts. Y sont surtout envisagés les aspects économiques et sociaux de la révolution prolétarienne. En revanche, dans la plupart des autres ajouts, cette fois pris en compte par la voix narrative, c'est la dimension métaphysique de la révolution qui est magnifiée. Enfin l'auteur laisse le soin à une veuve et à un vieillard de nous rappeler le prix qu'il faut payer le rêve de changer le monde : le message d'espoir s'achève sur un échange de répliques lourdes de tragique et de solitude, accompagné du geste de Gisors, le plus émouvant du roman dans l'ordre du sentiment et de la vie privée. L'éclectisme de ce roman sous l'angle de l'orthodoxie communiste justifie et explique l'accueil mitigé qu'il a reçu auprès des membres du Parti communiste, tant en France qu'en Russie.

*

les classes sociales

La représentation des classes qu'il offrait pouvait prêter également le flanc à la critique communiste. Elle est encore entachée de préjugés et souvent assez proche de la vision stéréotypée que le «bourgeois» de l'époque a de l'homme de la rue. Malraux ne manifestera une réelle sympathie pour les ouvriers et les paysans, et ne se débarrassera de ces lieux communs que dans *L'Espoir*, comme nous l'avons montré dans une autre étude[80]. Mais dans *La Condition humaine* déjà, il s'efforce de gommer toute trace d'élitisme, cette «*petite note de supériorité blasée*» (p. 490[76]) à l'égard des masses populaires que lui avait reprochée Trotsky :

Les jambes écartées, les poings sur les genoux, très «symbole du prolétariat» dans ses bleus d'ouvrier, Tchen regardait le courrier avec hostilité et ne disait rien. (Ms, 167)	Jambes écartées, poings aux genoux, bouche ouverte, Tchen regardait les courriers et ne disait rien. (Or, 146)

Dans le brouillon *B* (Ms, 247) Hemmelrich, encore nommé Dugay, s'exprime dans un argot incompréhensible et Tchen doit lui faire répéter son refus de l'héberger avec ses deux compagnons après l'attentat manqué contre Chang-Kaï-Shek. À propos de ce représentant du peuple, opprimé et réduit à la passivité, Malraux fait une confidence à Edmond Jaloux qui vaut la peine d'être mentionnée. Dans sa lettre du 7 janvier 1934, il lui écrit : «*D'abord si Tchen, Kyo, à la rigueur Katow et Ferral sont* "*des miens*" *il n'en est pas de même ni de May*[81], *ni d'Hemmelrich.*»[24]. Le regard porté par le narrateur ou par le héros sur certains comparses laisse par moments transparaître une pitié qui n'est pas exempte de dégoût, comme dans cette évocation des agents d'un poste de police, petites gens peu convaincues, aussi pauvres que les insurgés, et qui se rendent sans combattre puis continuent à jouer aux cartes en se demandant si on pourra les accuser d'avoir trahi : «*Ils réfléchissaient, le cou rentré, cormorans écrasés par la pensée.*» (Or, 108). Ou encore ce passage du manuscrit que l'auteur supprimera toutefois par la suite :

|Mais Kyo [+]|| exténué [*encre violette*] || ne pouvait chasser la sensation [+]|| exaspérante [*encre violette*] || que la révolution qui allait jeter contre le train blindé et la police les 5 000 hommes des groupes de choc et les masses des faubourgs de famine, prenait la forme de son messager, ce petit homme vieillot au nez criblé de furoncles.| (Ms, 26 >Or, 31)

Le prolétariat urbain occupe nécessairement une place essentielle dans le récit de cette insurrection de Shanghai et des activités du Komintern à Han-Kéou. Mais Malraux, dans l'ouverture de la Troisième Partie (brouillon *B*), qui disparaît presque complètement dans l'originale, rappelle le rôle fondamental du paysan dans la vie chinoise : Kyo remontant le fleuve en direction de Han-Kéou contemple ces «*villes de paysans*» (Ms, 180) qui défilent. «*Rien qui ne signifiât le paysan. La Chine c'était lui...*» Vision qui n'est pas conforme à la ligne du Parti[82]. Ce passage disparaît dans l'édition de 1933, comme la discussion de Kyo et de Vologuine à propos des U.P. (Unions Paysannes), le second affirmant : «*Il est plus facile de préparer les cadres des U.P. dans le Ktg. que hors du Ktg.*», à quoi le premier répond : «*Est-ce que tu te fous de moi ? Préparer les U.P. dans le cadre du Ktg. ! Depuis douze jours, toutes les instructions que vous passez à l'armée ordonnent de freiner le mouvement paysan.*» (Ms, 188 >Or). Tchen à son tour le confirme : «*Vous voulez que l'action paysanne soit manquée...*» (Ms, 204-5 >Or). Dans l'originale on trouve encore une réflexion sur la révolution paysanne mais elle a perdu cette allure d'accusation pour prendre une valeur de réflexion stratégique (Or, 164-5). Les paysans reprendront leur place dans les romans de Malraux quand il s'écartera à nouveau du P.C. après 1937[83].

La notion de fraternité de classe ne s'exprime pas encore nettement dans le manuscrit. Au cours du combat de rue de Shanghai, le petit intermède où l'on voit l'ouvrier typographe Ma acclamé avec des cris de joie par ses compagnons quand ils le reconnaissent, est un ajout de l'originale (Or, 119) qui met en valeur l'idée de solidarité et de fraternité entre ces ouvriers parmi lesquels Tchen se sent étranger. On peut également voir naître et se développer en cours de rédaction le thème de la fraternité de combat, souvent en relation avec celle de classe, qui deviendra un des aspects essentiels de l'œuvre. Ces relations humaines, de différentes natures, viennent doubler une fraternité d'ordre métaphysique développée dans ce roman pascalien. Dans la scène où Kyo et Tchen marchent côte à côte dans la nuit à Han-Kéou, conscients après leur entretien avec Vologuine du caractère désespéré de leur situation, on trouve un assez long développement sur la solitude des hommes unis par leur condition de mortels : « [...] *et, en même temps que le rapprochait de Tchen la grande camaraderie nocturne, le bouleversait l'angoisse de n'être qu'un homme, que lui-même* [...] *fraternité aussi pourrie d'angoisse que la solitude. Il était certain que Tchen, lui aussi, se liait en cet instant à lui d'une amitié de prisonnier.* » (Ms, 208). Malraux a écrit en marge, puis barré « *FRATERNITÉ DE TRAVAIL ?* ». Ce n'est que dans l'originale qu'il trouvera la formule de « *fraternité des armes* » (Or, 151 / Ms, 175 : « *camaraderie des armes* ») à un moment où Kyo observe Tchen près de ce train blindé qu'ils vont peut-être attaquer ensemble.

Comme tout romancier, Malraux trouve en rédigeant la signification profonde de ses personnages, chargés peu à peu de nuances. À travers eux la représentation de la catégorie sociale se substitue à l'étude du moi. Psychologie de groupe plutôt que d'individu. Les masses populaires, cantonnées encore dans le rôle de figurants à peu près anonymes dans *Les Conquérants*, accèdent ici au statut de sujets ; l'auteur s'attache à leurs problèmes existentiels, à ceux d'Hemmelrich par exemple. Celui-ci ne trouve pas d'emblée son rôle de spécimen d'homme du peuple, écrasé par des conditions matérielles telles qu'elles lui ôtent même la liberté de disposer de sa vie. Dans les premières pages du manuscrit, quand il se plaint de ne pouvoir prendre le risque de mourir en combattant à cause de sa famille misérable, on trouve au verso de la page quelques lignes barrées dans lesquelles Kyo se demande à ce propos : « – *Lâcheté ou vérité ?* » (Ms, 19), ce qui ébranle la valeur exemplaire et symbolique du personnage. Dans la suite du roman et dans les versions suivantes, les motivations d'Hemmelrich cessent d'être ambiguës, le doute n'effleure plus ses compagnons apitoyés. Tchen ne discute pas un instant le refus de celui-ci de l'héberger, après la première tentative d'attentat contre Chang-Kaï-Shek ; il se contente de reconnaître le bonheur qu'il a d'être libre, alors que dans le manuscrit, l'auteur lui avait fait répliquer : « *Ce sont les sentiments que je ne comprends pas. Tant pis. Peut-être as-tu raison.* » (Ms, 247), phrase déjà barrée sur le brouillon *B*. Tchen, au moment de quitter Hemmelrich se disait libre, « "*absolument libre*". *Mais c'est peut-être, ajoutait-il, parce que ce soir, je serai encore plus libre* » (248), ce qu'Hemmelrich interprète comme l'assurance de Tchen d'être pris et tué en jetant sa bombe. Dans la version imprimée, Tchen ne s'attarde pas sur son propre sort, seule demeure la compréhension de l'autre.

C'est cet intérêt pour la psychologie du groupe révolutionnaire, lié par des passions communes, plutôt que pour les sentiments individuels d'un héros, qui pousse sans doute Malraux en cours de rédaction à étoffer les figures placées aux côtés de Kyo. La mise en forme du personnage de Tchen en tant qu'incarnation d'une attitude politique est dans ce domaine particulièrement révélatrice. À travers le choix des actes et l'analyse de ce qui se passe dans la conscience de cet individu, Malraux nous donne une vision de ce qu'est pour lui le terrorisme. Cette attitude politique est traitée avec toutes ses implications morales et philosophiques : besoin d'absolu, fascination de la mort qui débouche sur l'autodestruction, entraînement infernal de l'acte violent. Cette analyse va s'amplifiant entre le manuscrit et l'originale. Dans la dernière séquence à laquelle participe Tchen, à la fin de la Quatrième

Partie, où nous sont contés l'attentat contre Chang-Kaï-Shek et la mort de ce héros, un long développement presque entièrement nouveau nous livre la clé du personnage, ses mobiles et le sens de son action : « *Il fallait que le terrorisme devînt une mystique. Solitude, d'abord : que le terroriste décidât seul, exécutât seul;* [...] *: il savait de quel poids pèse sur toute pensée le sang versé pour elle.* » (Or, 276) [84]. À la solitude métaphysique commune à tous les personnages malruciens, Tchen ajoute la solitude inhérente à son mode d'action, à sa marginalité par rapport à l'ensemble des combattants[85]. Malraux a, dès le manuscrit, le souci de bien distinguer ces actes du jeune terroriste de la satisfaction d'instincts sanguinaires. C'est pourquoi il attribue à Tchen ce geste qui serait une réminiscence[86], et qui consiste à libérer un ennemi « ficelé », à la jambe arrachée, au risque d'exploser lui-même sur une grenade, parce qu'il ne peut supporter la vue de « *cette impuissance dans la douleur* » (Ms*C*, 130).

*

autobiographie et autoportrait

Si les contrecoups des expériences politiques immédiates de l'homme se sont inscrits dans l'œuvre, l'auteur n'a cure de nous raconter sa vie. Comme le remarque fort justement Philippe Lejeune, Malraux refuse le « pacte autobiographique » : « *L'histoire individuelle ne peut apporter que des réponses dérisoires à l'inévitable interrogation sur le sens de la vie.* » [87]. Peu amateur de confidences personnelles, l'auteur de *La Condition humaine* ne peut pourtant puiser que dans ses impressions, sensations et rêveries pour construire son univers de fiction, mais il fait souvent disparaître, en cours de mise au point, des détails de tout ordre en relation trop directe avec ce que nous savons de sa vie et qui se sont tout d'abord offerts à son esprit. Nous trouvons dans le manuscrit la trace de ses goûts les plus anodins, comme l'amour des chats qu'il prête à Tchen, à Ferral. L'image du chat devient l'exemple type de la reproduction du monde par l'art (Ms, 208) – dans l'originale lui est substituée la fleur – et l'on songe aux innombrables chats à la queue en point d'interrogation dessinés par Malraux sur ses lettres, ses livres etc. Ses connaissances archéologiques s'étalent en précisions inutiles données dans le manuscrit, par exemple à propos des fibules à tête de renard achetées par Tchen chez l'antiquaire : on les « *trouve en grand nombre* », nous dit l'instance narrative « *dans les tombeaux |du Ho-Nan|* » (238 >Or). Mais affleurent aussi des opinions et des sentiments plus graves : le prix de l'homme « fait » et le temps nécessaire pour conduire un être jusqu'à ce stade sont mis en balance avec l'enfance et « *|l'horrible* [barré] | *adolescence* » (420) ; on connaît la discrétion, par désaffection évidente, de Malraux pour cette époque de sa vie. Transparaissent aussi des aveux involontaires sur la sexualité, sur les femmes. Nous avons vu plus haut ce que Malraux pensait de la possibilité pour l'écrivain masculin de représenter les sentiments d'une femme. Aussi les figures féminines sont-elles rares dans ses romans, et peintes dans l'orbite des hommes. Dans *La Condition humaine*, il y en a deux seulement : May et Valérie. Le rôle de la seconde était au départ encore plus effacé : on ne trouve pas dans le manuscrit le long paragraphe placé en tête de la séquence où elle apparaît pour la première fois ; là elle acquiert un état civil, un point de vue personnel sur l'amour, et elle prend la parole à travers quelques propos raportés – « *Cette grande couturière riche n'était pas vénale* [...] – *avec le sourire nécessaire.* » (Or, 137 >Ms) –. Sa longue lettre adressée à Ferral – seul élément qui permette de comprendre, de son point de vue, les relations du couple – était réduite dans le manuscrit, et jusque sur les épreuves de l'originale, à quelques lignes en forme de boutade :

Depuis longtemps, la femelle de M. ... est sans mâle, cher. Je sais si bien que vous vous ferez un plaisir, vous qui connaissez si bien les oiseaux, de lui apporter la bestiole qu'il cherche en vain...

(Ms, 304)

Depuis longtemps la femelle de Monsieur Harrison est sans mâle, cher. Je sais si bien que vous vous ferez un plaisir, vous qui connaissez les oiseaux, de lui apporter celui qu'il cherche en vain et de conseiller au merle de ne pas cesser TROP TÔT sa cour, et de n'être pas trop curieux. Les amours de ces oiseaux n'aiment pas la lumière...

(placard correspondant à Or, 256-7)

Cette lettre est modifiée sur les épreuves où elle est remplacée par un long texte de quatre demi-pages dactylographiées, avec corrections manuscrites, qui nuancent le personnage de Valérie. C'est cette version étendue qui figure dans l'originale, dans la publication de la *NRF* (mai, 769-70) postérieure à ces corrections, et dans toutes les éditions suivantes.

La misogynie, contre laquelle de toute évidence Malraux se défend, tout en l'éprouvant, est attribuée aux deux partenaires masculins. L'auteur fait une satire indirecte du sexe fort à travers l'attitude de Ferral qualifiée de « *sadisme psychologique* » (Ms, 163 >Or). L'homme se montre encore plus offensant à l'égard de sa partenaire dans le brouillon. À Valérie qui l'interroge :

|– Cher, dit-elle, vous qui êtes réellement au courant, dites-moi pourquoi les puissances n'interviennent pas ?
– Vous aimez les histoires. Écoutez. Illustre-Vertu, depuis vingt ans, élève des lapins. [...]
Elle comprit qu'il répondait ainsi à dessein et n'insista pas.|

(Ms, 161 >Or)

Dans l'originale, elle demande des nouvelles de Clappique ; Ferral lui en donne et lui conte à cette occasion « *deux jolies histoires* » (Or, 139) qu'il tient du baron, les aventures d'Illustre-Vertu et du voleur chinois du Mont-de-Piété.

Disparaissent également ces passages qui ne sont pas sans échos avec les confidences faites par Clara dans ses Mémoires, et avec les propos qu'elle nous a tenus de vive voix sur son propre usage de l'opium et sur le peu d'attirance de son compagnon pour cette drogue :

|Beaucoup, parmi les femmes libres, étaient tentées, à leur arrivée, par la légende de l'opium, |*aphrodisiaque,*| beaucoup avaient un goût très vif des dangers qui ne sont peut-être pas dangereux et de tares qui ne déshonorent pas.| (Ms, 308>Or)

Quant au personnage masculin, Ferral :

Il ne se délivrait pas par le rêve mais par l'érotisme ou par le combat. Et |la terreur de l'impuissance à quoi il croyait que menait l'intoxication eût suffi à l'en préserver.| (Ms, 308>Or)

Les quatre scènes de rapports amoureux entre les couples Kyo-May, Ferral-Valérie témoignent, on l'a vu, d'une élaboration difficile d'après les multiples découpes et retouches qui les caractérisent toutes, surtout l'affrontement du premier couple à partir de l'aveu d'une aventure passagère par May (Ms, 62-9), la méditation de Kyo sur l'amour, qui suit leur entretien (69-70), les relations du second couple et celles de Ferral avec les femmes en général (158-64, 308). Malraux n'est pas très à l'aise, semble-t-il, dans ce type de relations humaines ; il essaie de fuir leur représentation traditionnelle qui occupe tant de place dans notre littérature. À ses yeux les expériences sentimentales de la plupart des êtres se cantonnent durant toute leur vie dans ce royaume intermédiaire où règne ce qu'il qualifie de «*sentiments vaseux*» (Ms, 317>Or), entre la passade et la passion. Lui-même choisit de peindre avec ces deux couples les deux extrêmes, en des rapports moins conventionnels d'individus affranchis, que ce soit dans ou hors mariage, et sexuellement libérés. D'après les ratures visibles sur le manuscrit (63-5), l'homme et la femme, dans leur tête-à-tête, fuient les formes usées du langage amoureux et s'expriment avec beaucoup de pudeur, celle de Malraux lui-même à l'égard de sa vie privée pourtant bien remplie ! Le couple valorisé est celui qui incarne l'amour-tendresse, l'amour-estime. Le manuscrit associait de manière explicite ce type de sentiment à la fraternité (70). Le rapprochement n'est plus qu'implicite dans le texte imprimé, où l'unique personnage féminin de quelque importance demeure fort virilisé, comme on l'a souvent remarqué. En revanche quelques notations éliminées par la suite accentuaient l'impression d'un certain dégoût de la chair et de ses plaisirs. L'auteur nous transporte dans une boîte de nuit de Shanghai :

Négociants en instance de ruine, danseuses et prostituées |tous ceux qui étaient encore seuls, tous ceux que l'attente d'une prochaine possession charnelle n'abrutissait pas ||*de rêverie gâteuse*|| encore| maintenaient leur regard sur ce fantôme comme si, seul, il les eût retenus au bord du néant.

(Ms, 27 >Or)

On a souvent reproché à Malraux de ne peindre que lui-même à travers ses aventuriers, ses intellectuels engagés et ses amateurs d'art. Dans le manuscrit, cet aspect de son œuvre est encore plus sensible ; le cordon ombilical qui relie les acteurs du drame au créateur n'est qu'à demi-coupé, et leur problématique est encore plus proche des interrogations personnelles que se pose l'homme-Malraux sur le sens de la vie. Les personnages sont du même coup plus indifférenciés. Dans l'évocation de leur vie intérieure se dessinaient des parallélismes plus nombreux que ceux déjà existant dans la version publiée du roman. La clé en est dans ce commentaire de Malraux : « *Ce livre est fondamentalement, pour moi, le livre du drame de la conscience, et comme là-dessus porte ma méditation d'une façon presque obsessionnelle, je m'expliquerai davantage un jour ou l'autre.* »[27]. L'angoisse existentielle, la solitude habitent la plupart des personnages, « tout homme qui se pense » estime Malraux. Les images obsédantes qui traduisent ces sentiments d'angoisse, de vide intérieur (crustacés, crabes, insectes...) étaient plus fréquentes dans le manuscrit. Les associations entre la vie profonde et l'animalité, l'absurdité, le sacré demeurent dans l'originale pour peindre Tchen, ses hallucinations et sa peur de la folie, mais elles figuraient aussi, dans les brouillons, à propos de Gisors. Celui-ci connaissait comme le jeune terroriste une « solitude sans fin » :

|Non qu'il eût la sensation d'être irréductiblement différent des autres, lié par quelques tares de l'esprit, comme tant d'hommes le sont par la chair, mais l'affirmation fanatique, monstrueuse de lui-même, qui l'habitait comme une passion-mère réduisait les autres à l'état de fantômes, d'ombres, dans un univers où il n'était pas lui-même un corps, mais une intensité unique.| (Ms, 54>Or)

Le repli sur cet univers intérieur qui n'est qu'angoisse fait se lever des visions atroces : Gisors imagine sa main coupée, devant lui : « *Son imagination le conduisait souvent à des visions bien autrement atroces, surtout lorsqu'il songeait à lui-même, comme une bête menaçante qu'eût éveillée la méditation. Il en sentait l'éveil.* » (Ms, 56>Or).

Le besoin de certitude que Tchen perçoit dans le comportement de Vologuine et qu'il reconnaît éprouver lui-même, au cours de sa conversation nocturne avec Kyo, est assurément le mobile de l'écriture chez Malraux, ce qui le pousse à faire partager ses convictions : « *On ne peut pas vivre avec soi tout seul...* » (Ms, 212>Or) fait-il répéter par trois fois à Tchen. Le refus du jeune homme de trouver dans le christianisme un recours contre la solitude et l'angoisse était plus développé dans le manuscrit, au cours de sa rencontre avec le pasteur Smithson ; le contenu de ses confidences était plus proche de la position personnelle de Malraux à l'égard de la foi, telle qu'elle s'exprime dans l'essai *La Tentation de l'Occident*, qui en rend le mieux compte[88] :

|– Vous me disiez jadis : « Ce n'est pas seulement à l'époque de

Pilate, c'est aujourd'hui même que le Christ souffre sur la croix... Je ne crois pas au Christ. Mais parfois ‖*je voudrais croire en lui.* ‖ je suis tellement hors du monde que je voudrais qu'il y eût quelqu'un, quelque chose qui pût comprendre, qui pût comprendre ! C'est pour cela que je me convertirais. C'est parce que je le sais que je ne me convertirai pas.|
(Ms, 232>Or)

Ayant trouvé dans le terrorisme une sorte de foi de remplacement, Tchen, peu avant de commettre son attentat, exprime en ces termes le sentiment d'extase et de plénitude qu'il éprouve depuis qu'il a pris la résolution d'y laisser sa propre vie :

« [...] je ne sens plus rien de ce qui pesait sur moi. Vous entendez? Rien. |Si je croyais qu'il existe des dieux, je dirais qu'en ce moment, je suis avec eux.| »
(Ms, 259>Or)

De même, tout ce par quoi Malraux a tenté de satisfaire sa soif de certitude – engagement communiste, passion de l'art – s'incarne dans ses romans, on l'a vu, en personnages assimilés à des prêtres. Cette assimilation est encore plus nette dans le manuscrit. On y trouvait cette phrase pour désigner l'art comme moyen d'atteindre la transcendance : pour l'artiste, «*le monde est l'idéogramme de Dieu*» (Ms, 268>Or).

Quant à Clappique, personnage tragique et bouffon à la fois, il a toujours fasciné les commentateurs de *La Condition humaine* qui en ont donné les interprétations les plus diverses[89] ; il n'est pas négligeable de découvrir qu'il est, dans l'état manuscrit, un peintre comme Kama, mais un peintre qui a renoncé à faire des tableaux. La sérénité du créateur productif, Kama, la musique de celui-ci, le troublent comme l'évocation d'un paradis perdu. La conversation entre les deux hommes était d'ailleurs plus étendue dans ce premier état. C'est son rapport à l'art et à la peinture qui donne sans doute la clé de Clappique. Il porte le poids de l'impuissance dont tout créateur se sent menacé. Resté avec Gisors, il se confesse en quelque sorte à lui en contant ses affres d'artiste courant après le génie et il exerce contre lui-même son ironie amère : « – *Vous n'avez sûrement jamais connu ça, vous, la méditation sur soi-même pendant laquelle on ne cesse de se demander si on n'est pas, une bonne fois, tout simplement un raté.* » (Ms, 271-2). Il se décrit au Louvre devant son chevalet, « *exprimant goutte à goutte le jus de* [*son*] *cœur sur quelques ppeutites toiles du plus heureux effet* » (272), qu'il souhaiterait « *cent pour cent géniales* ». Comme la réalisation n'en est qu'imparfaite, il guette en lui les symptômes de l'impuissance. Or, en les cherchant, on les trouve toujours, dit-il. Il exprime encore quelques réflexions désabusées sur l'originalité dans l'art ; il a eu un culte pour Rembrandt, mais en observant ses toiles et celles d'autres maîtres anciens ou modernes, il s'est aperçu que

[...] | tous, tous – avaient commencé par imiter. [...]

On ne s'exprime pas. En aucune façon. Personne ne s'est jamais exprimé. On se conquiert. On imite ; on isole le dixième qui n'est pas imité ; et on met patiemment, ppeu à peu, et ça dure des années, le reste d'accord avec ce dixième isolé. Parfait ! D'accord ? | (Ms, 272 > Or)

et le personnage se demande : « *le jeu vaut-il la chandelle ?* » À cette question que l'auteur s'est nécessairement un jour posée, le baron donne une réponse qui lui est propre, aux antipodes des choix faits par son géniteur : « – *Bref, au lieu de se créer comme personne, comme talent...* [...] (paragr.) *Ne vaut-il pas mieux – comme personne, toujours – se détruire ? Moins fatigant. Beaucoup moins absurde. Plus voluptueux. Grands plaisirs, mon bbon !* » (Ms, 273). La vie de cet homme qui n'a pu s'affirmer dans l'art, quoiqu'il ait un tempérament d'artiste, n'a plus de signification ; c'est un suicide sans mort. Il n'a plus d'autre refuge que la mythomanie, il est « *d'avis d'appliquer à la vie les moyens de l'art, mais certes pas pour en faire de l'art* ». Il invente des mondes dans lesquels il vit. En supprimant chez Clappique ces aspirations à la création, l'écrivain augmente ses distances avec ce fantôme inquiétant d'artiste manqué. Clappique, donné d'abord pour «*alcoolique*» (Ms, 51), devient un homme que l'alcool «*aide*» (Or, 52). Il a d'autre part en commun avec son créateur la mythomanie, seule arme dont il dispose contre le destin ; d'où son art de mentir, d'exagérer, de s'inventer des biographies pour échapper à un monde qui n'a plus de fantaisie et où l'homme n'a jamais qu'une vie. Il rêve du temps des contes des *Mille et une nuits*, «*lorsque le monde était encore plein de possible...*» (Ms, 280-1) et «*assez inconnu pour être habitable... Ah! je voudrais être enchanteur*» dit-il à Gisors. De cette première passion déçue, il ne lui reste que la compétence «*dans son domaine : la peinture et la pensée appliquée à l'art*». Là, il est reconnu «*de grande valeur*» (Ms, 52).

Ce besoin de fuir vers des mondes imaginaires existe aussi chez le fumeur d'opium Gisors, dont les points communs avec Clappique étaient plus marqués dans le manuscrit. À ce même Gisors, Malraux léguait aussi sa fascination pour la grandeur (Ms, 78), sa prise en compte de l'Histoire comme un des moyens inventés par l'Occident pour oublier sa condition de mortel (314). Il lui donnait en partage son scepticisme à l'égard de la possibilité de connaître les êtres. Les considérations sur ce point étaient plus longuement développées dans le manuscrit en des termes d'un matérialisme brutal qui souligne le changement de mentalité des romanciers à l'égard de l'intérêt d'une analyse psychologique. «*Pensez-vous qu'on puisse connaître – connaître – un être vivant ?*» (309) demandait Ferral à Gisors :

|– Vouloir savoir ce que sont les êtres est sans doute absurde, parce que les êtres ne sont pas.
– Si je connaissais tous les actes, toutes les pensées, toutes les sécrétions glandulaires d'un être depuis sa naissance, je le connaîtrais.
– Avec une préférence, peut-être, pour les sécrétions : nous aimons beaucoup connaître d'un autre ce qui le fait esclave.
– Soit. Mais je le connaîtrais.
– Oui, s'il était mort. [...]| (Ms, 310 > Or)

La manière abrupte dont Ferral aborde cette discussion rappelle de très près le comportement social de Malraux, d'après les portraits que nous ont laissés de lui ses contemporains. Le romancier se sent tenu de la justifier après coup par cet ajout interlinéaire : «⁺| *Il professait qu'avec les gens intelligents, les entrées en matière étaient absurdes.* | » (Ms, 309). Le sentiment d'humiliation fait aussi l'objet d'un débat entre Ferral et Gisors dans le manuscrit ; il y est considéré comme une donnée humaine aussi fondamentale que le temps. Or l'horreur de l'humiliation, le sens de la dignité humaine demeurent des leitmotive de toute l'œuvre, en particulier des trois romans de la Révolution, et la motivation profonde de presque tous ses personnages : « – *Toute humiliation est en nous, reprit-il* [Gisors]. *Nous sommes des êtres humiliés, disait un esprit religieux. Et l'humiliation n'est qu'une pierre qui* [un blanc] *mille profondeurs de vase.* » (Ms, 311). Le seul état où l'humiliation n'existe pas, dit Gisors, est celui dans lequel nous plonge l'opium. Du même coup, les deux hommes s'en vont ensemble fumer chez Ferral (312). L'aspect lancinant du thème le fait parfois poindre de manière inattendue, en un lieu d'où il disparaîtra ensuite (Ms, 397 / Or, 357).

Ces convictions, ces élans et ces obsessions du créateur se distribuent ainsi entre les acteurs du drame, qui prennent peu à peu leurs distances par rapport à leurs données d'origine. Objets d'une réflexion, ils se chargent en cours d'écriture d'un maximum de portée morale et philosophique, comme on peut le voir à propos de Clappique : l'homme n'est plus qu'un symbole de l'angoisse d'échec qui engendre la tentation d'auto-destruction, il déborde de très loin toute problématique individuelle. L'art de transformer une expérience particulière pour lui donner toujours l'extension et la portée métaphysique les plus larges se révèle nettement par exemple dans la réécriture que Malraux fait subir au finale de l'épisode où on assiste aux vexations et brutalités imposées à Kyo par un gardien de prison. C'est cet art qui permet à

Malraux de tirer, d'une expérience nécessairement limitée, un roman dont le titre, à la lecture, cesse de paraître ambitieux.

CONCLUSION

CETTE ébauche avancée de *La Condition humaine* laisse encore dans l'ombre bien des aspects de la genèse de l'œuvre, mais elle apporte des éclaircissements dans des domaines où la version publiée s'était prêtée jusque-là à des interprétations diverses. En effet, elle permet d'avancer presque à coup sûr que Malraux n'est pas parti d'un drame historique contemporain. Ce n'est pas le besoin de comprendre son temps qui lui a mis la plume en main, mais le besoin de certitude et d'affirmation de soi qu'il exprime par parabole en une anecdote reposant sur des personnages ; ceux-ci sont au départ fort indifférenciés car ils « *naissent les uns des autres* »[16], incarnant « *les états successifs de la philosophie de l'auteur* ». La forme de pensée de Malraux n'est pas celle d'un philosophe qui aime à débattre dans l'abstrait, mais d'un moraliste à la recherche d'un mode de vie dans un monde qui lui paraît dépourvu de sens et de finalité. Elle ne peut s'approfondir et se nuancer qu'à travers le concret, qui est d'ailleurs un des fondements du genre romanesque, où les généralités s'expriment par le biais de cas particuliers. D'où cette invention constante par l'auteur de *La Condition humaine*, au cours de la rédaction et des mises au point du roman, de nouveaux détails concrets concernant l'apparence des êtres, leurs attitudes, leur passé, le décor, les situations... Cette même tendance avait conduit Malraux à concevoir sous forme d'un échange épistolaire le plus philosophique de ses écrits, *La Tentation de l'Occident*, qui expose des considérations qu'on peut tenir pour le fondement intellectuel de l'ensemble de son œuvre. Dans le domaine des convictions philosophiques sa pensée ne variera guère, de cet essai de jeunesse jusqu'à ses dernières méditations sur l'art, à plus forte raison au cours des trois années de gestation de son roman. Aussi n'y observe-t-on aucun changement notable sinon dans la formulation. C'est pourquoi nous n'avons point abordé cet aspect pourtant fondamental de l'œuvre ; le roman reste dans la lignée de *La Tentation de l'Occident*, le manuscrit traduit, sous une forme souvent plus proche que dans l'état publié, une même vision des différences entre l'art européen et oriental, une même attitude à l'égard de la Foi, de la connaissance de l'autre, de la vie intérieure etc. Mais Malraux n'est pas un homme de théories et de systèmes ; il veut vivre intensément et se jette avec passion dans des activités très diverses, dont l'œuvre en cours reçoit le reflet. Sa réceptivité à l'égard du monde entraîne la création de récits en relation étroite avec la passion du moment. *La Condition humaine* enregistre les fluctuations de l'expérience politique intense que son auteur connaît au moment de son élaboration ; elle est façonnée par cette expérience immédiate et transformée en cours d'écriture, puisque cette représentation d'un épisode de la révolution chinoise bascule d'une orientation trotskyste, hostile à la bureaucratie stalinienne et à ses compromis, vers plus de compréhension à l'égard des nécessités de cette politique et de ses impératifs d'efficacité. Cette imprégnation de l'œuvre par le vécu ne s'arrête pas avec sa publication ; en effet l'auteur poursuit ses remaniements discrets, en fonction de ses nouvelles convictions politiques, dans les éditions suivantes, comme il l'a fait pour *Les Conquérants*. Malgré la place faite à des événements contemporains des plus controversés, l'œuvre demeure aux antipodes du roman à thèse, dans la mesure où elle se prête à une lecture plurielle, à un « miroitement du sens ». Jusqu'au point final, les valeurs qu'elle prône restent ambiguës : individuelles ou sociales, politiques ou métaphysiques. Nous avons vu qu'elle ne s'est pas organisée selon le mode contraignant d'un sens fixé d'avance. Si l'histoire qui nous est contée est déterminée par une fin qui lui pré-existe (l'écrasement des communistes de Shanghai), l'Histoire demeure pour Malraux matière à parabole susceptible d'interprétations diverses (car son sens est problématique), et non exemple d'une vérité essentielle qu'il s'agit d'imposer pour influencer les actions des hommes. Comme nous l'avons montré ailleurs, *La Condition humaine* a véritablement deux fins dans son état achevé, entre lesquelles se tissent des relations de ressemblance, de parallélisme et surtout d'opposition. Avec la Sixième Partie s'achève le soulèvement de Shanghai : les combattants communistes ont échoué, les principaux héros sont morts ou ont été emprisonnés, fin tragique soulignée en point d'orgue par la méditation désespérée de l'épouse et du père de Kyo auprès de son cadavre. Cette chute ménage au roman une signification résolument pessimiste. L'action humaine se dissout dans la souffrance individuelle, douleur qui n'aide personne, pense Gisors dans sa détresse, donc absurde. Avec la Septième Partie, véritable épilogue à la rédaction tardive, on retrouve les mêmes acteurs, May et Gisors, communiant dans le souvenir du héros disparu. La première version de cette scène, telle qu'elle figure dans le manuscrit, modifiait peu le sens de la conclusion précédente. Elle mettait l'accent sur le pathétique de la nécessaire continuation de la vie. Mais nous avons vu comment la version publiée relançait l'espoir révolutionnaire et changeait le sens de l'ensemble du roman.

L'examen de ces brouillons met un point final aux débats autour du faux problème de la participation plus ou moins effective de l'auteur à la révolution chinoise et de sa transposition dans le roman. Ici on est loin des carnets de bord de *L'Espoir* à propos de la guerre d'Espagne. Si Malraux a pris cet événement lointain comme cadre d'un drame de la conscience qui implique la recherche de valeurs humaines nouvelles, c'est pour satisfaire la fascination qu'exercent sur lui l'ampleur, la grandeur, et son goût de la distanciation. Qui dit révolution dit table rase, esprit d'entreprise, audace et besoin de se soumettre à une cause qui dépasse le destin individuel. La révolution bolchevique est la grande aventure politique et sociale de sa génération, elle offre un cadre d'envergure ; il la choisit donc pour thème des *Conquérants*. Il met ce premier roman en chantier sitôt après sa participation à la lutte nationaliste annamite, à laquelle les rebondissements de la première grande aventure de sa vie l'ont conduit, et il peint l'action de l'Internationale en Chine, plutôt qu'ailleurs, par intérêt pour cet Orient d'où il revient. Mais ensuite il écrit *La Voie royale*, qui nous entraîne très loin de ces préoccupations, et il s'apprêtait en 1931 à faire suivre ce roman d'un essai sur l'art. L'article de Trotsky, la même année, l'a très probablement détourné de ce projet et relancé dans un contexte dont il n'aurait pas eu l'idée, sans cela, de faire à nouveau la matière de son troisième roman. L'honneur que représente pour un jeune romancier l'intérêt témoigné, pour son premier récit, par un homme de l'envergure de Trotsky le tourne à nouveau vers des problèmes de politique internationale en Asie. Dans ce cadre à l'échelle mondiale, l'auteur trouve évidemment une matière à son goût, mais dans ce qui n'était au départ qu'un « grand sujet », offert par les hasards de la réception faite à un roman antérieur, on le voit peu à peu s'investir pour finir par y exprimer ses nouvelles convictions de compagnon de route, qui l'écartent de Trotsky. Avec lucidité et un sens certain de l'Histoire, l'auteur étoffe progressivement cette dimension socio-politique, au départ relativement secondaire, dans ce drame de la conscience individuelle.

Ce goût et cette volonté d'élargissement le guident sur tous les plans ; ils s'expriment dans le traitement de l'espace et du temps : nous leur devons cette évocation d'une nature où il a plutôt tendance à gommer tout exotisme local au profit de la dimension cosmique, grâce à la multiplication de ces brefs tableaux où il peint la sérénité du spectacle des nuées au-dessus de la douleur et de l'agitation des hommes. Ils s'expriment aussi dans le développement de la simultanéité des péripéties, dans la diversification des expériences successivement contées, dans l'élargissement progressif du rôle des personnages principaux placés aux côtés du héros.

Toutes les péripéties et les détails concrets qu'il invente peu à peu autour de ces personnages pour leur donner plus de « corps » et asseoir sa « prédication » de moraliste ne sont pas essentiels à ses yeux. On sent qu'il les introduit par nécessité plutôt que par plaisir. Malraux n'a pas, à proprement parler, un tempérament de conteur, sinon de récits-éclairs comme ceux qu'il enchâsse dans ses romans – le plus souvent un cas hors du commun dans l'expérience humaine.

En revanche, Malraux écrit en poète, sensible à la saveur des mots, à leur richesse, à leur pouvoir plus ou moins grand de suggestion, ce qui le fait retoucher son texte à chaque relecture. Cette orchestration jamais terminée vers une forme qui le satisfasse davantage se manifeste aussi dans ses essais sur l'art, dont on a parfois contesté la solidité sur le plan de l'érudition et de la valeur scientifique, mais jamais le pouvoir incantatoire et la passion transmise par la force du verbe. La plupart des reprises de dernière minute, entre la version préoriginale en revue et l'originale, sur lesquelles nous nous sommes peu étendus, n'ont d'autre objet que d'améliorer le rythme, la cadence des phrases, en déplaçant l'ordre des mots avec une constance soutenue qui semble en contradiction avec la nervosité, l'impatience que traduisent son écriture fine et hâtive, son usage des abréviations, des collages innombrables, moyen de ne pas réécrire parfois une ligne ou deux !

La genèse de ce roman nous a montré en Malraux l'homme de tradition, tout pénétré de ceux que les écrivains de sa génération considèrent comme les grands modèles du roman français, Stendhal, Balzac... Il emprunte aux romanciers réalistes du siècle dernier leurs procédés – en particulier pour caractériser les personnages –, il en use comme de moyens à l'efficacité éprouvée pour créer cette illusion de vie nécessaire à l'intérêt du lecteur. Le Clappique de l'état manuscrit nous rappelle que l'artiste nécessairement imite, fût-il un Rembrandt. Mais, homme de grande culture à la fois très traditionnelle et très éclectique, il va glanant de tout côté, en héritier sans préjugés, dans la paralittérature comme dans les chefs-d'œuvre des littératures étrangères. Il joue un peu le rôle de découvreur à la manière de Gide pour la génération précédente, et partage avec ce dernier un culte durable pour Dostoïevski, son intérêt pour Tolstoï, Gorki et pour la littérature anglo-saxonne. Au contact de celle-ci, qu'il s'attache à faire connaître, il évolue sensiblement, par des choix sans doute instinctifs, vers des techniques nouvelles chez nous mais qui vont se développer largement dans les années suivantes. On le voit en particulier changer en cours d'écriture la nature de ses dialogues, la perspective narrative...

Il est fasciné par toutes les formes d'art qu'il ne pratique pas lui-même, peinture, musique, sculpture ; c'est à ces modes d'expression parallèles qu'il fait appel chaque fois qu'il est question d'art dans ses romans, et jamais à l'écriture ; il croit à la communauté de leurs problèmes à un moment donné de l'Histoire. C'est sans doute à ce nouveau langage artistique du XXe siècle, le cinéma, que ce fervent des salles obscures doit la nature particulière de son récit : sous sa forme première et avant qu'il ne lui adjoigne du liant grâce à des ajouts divers, *La Condition humaine*, comme un scénario de film, se réduit à une succession de tableaux et de scènes indépendantes centrées sur quelques acteurs. Il accorde ensuite un soin tout particulier au montage de ces scènes, mettant au point, presque toujours dans une rédaction postérieure, leur introduction et leur chute. Quant à l'extension des mimiques, aux tonalités de la voix, à la parole, qui se substituent à l'analyse psychologique, il est très conscient de ce qu'il doit à l'esthétique cinématographique.

Cette ouverture d'esprit, qui fait tomber les cloisons entre les différentes formes d'art, le met à l'écoute des écrits du monde entier, l'amène à découvrir en lui ce « dixième » qui, disait le premier Clappique, « n'est pas imité ». Par ce travail obstiné et lucide que révèlent ces brouillons de *La Condition humaine*, nous voyons comment l'artiste « se conquiert », au terme d'humbles tâtonnements. En partant de données qui ne sont pas toutes imaginaires, tant d'ordre privé que public, il finit par mettre au jour une œuvre qui ne ressemble à rien de ce qui avait été écrit jusque-là. Il y fait passer toute son expérience immédiate. Il arrache quelque chose au réel, mais en l'écrivant il ne le reproduit pas, il l'invente et s'invente, car sa prédication est aussi à usage interne.

1. Herbert R. Lottman, dans *La Rive gauche* (Paris, Seuil, 1981), p. 39, rappelle le nom de nombreuses personnalités littéraires et politiques de l'époque qui ont publié, souvent leur premier ouvrage, dans cette collection.

2. Voir notre article : « Esthétique et politique, *Les Conquérants*, 1928-1947, ou les aventures d'un texte », *AM5*, 117-57.

3. Maurice SACHS, *Au temps du bœuf sur le toit* (Paris, N.R.C., 1939), pp. 273-4. On trouverait bien des confidences du même ton chez d'autres contemporains, en particulier dans *Les Cahiers de la Petite Dame*, de Mme Théo van Rysselberghe (Paris, Gallimard, 1973-1977).

4. Malraux a signé le 12 janvier 1932 un second accord avec Grasset pour un essai à venir. Cela n'a pas été suivi d'effet puisque Malraux est passé chez Gallimard, définitivement, l'année suivante.

5. Jean LACOUTURE, *André Malraux, une vie dans le siècle* (Paris, Seuil, 1973).

6. Lettre de Malraux à du Perron (20 avril 1929), citée par André VANDEGANS, *La Jeunesse littéraire d'André Malraux* (Paris, Pauvert, 1964), p. 284.

7. Voir l'article de présentation de cette thèse, plus nettement axé sur l'étude du manuscrit : « Les Personnages romanesques d'André Malraux ou L'Homme prométhéen », *L'Information littéraire*, no 5, nov.-déc. 1980, pp. 194-200. Voir aussi : François TRÉCOURT, « *La Condition humaine* : leçons d'un manuscrit », *Revue d'Histoire littéraire de la France*, no 2, mars-avril 1981, pp. 257-78.

8. Dans la correspondance de Gide, en particulier, le nom de Malraux apparaît le plus souvent pour évoquer celui-ci dans son rôle d'éditeur, pour rendre hommage à sa science du livre, à la pertinence de ses conseils dans ce domaine.

9. D'après *Les Carnets de Paul Bonet, 1924-1971*, ce célèbre relieur a également relié une édition originale des *Conquérants*, de *L'Espoir*, de *La Lutte avec l'Ange* et un exemplaire du *Royaume farfelu*, du *Temps du mépris*, de *La Tentation de l'Occident* illustré par Zao Wou Ki. On sait qu'il a travaillé pour les *Scènes choisies* et *Les Voix du silence*.

10. La reliure du manuscrit de *La Condition humaine* a été, d'après les *Carnets* de Bonet, exécutée entre février 1934 et mars 1935 ; le premier feuillet porte la mention imprimée : « *Ex libris René Gaffé* » ; c'est probablement à l'occasion de la vente du manuscrit à Gaffé que Malraux a dû écrire la lettre citée plus haut, authentifiant l'unicité de ce document autographe.

11. Le format est de 305 mm sur 235 mm. Le foliotage du au relieur n'est pas absolument rigoureux : on trouve des pages blanches numérotées (pp. 277, 278, etc.), d'autres, comportant du texte, sont « sautées » dans la numérotation. Nous les notons *bis*, pour la commodité. C'est au foliotage du relieur que renvoient nos références de pages.

12. On peut donner quelques exemples de ces montages particulièrement denses : p. 161 (8 morceaux indépendants), p. 283 (15 morceaux, trois sortes de papier), p. 284 (11 morceaux)...

13. Ms, 283 (collage de 3 lignes), 284 (3 lignes), 318 (10 lignes), 355 (14 lignes), 356 (28 lignes), 357 (8 lignes).

14. Pour *L'Espoir*, voir Michel AUTRAND, « Malraux et le travail de l'écriture : les préoriginales de *L'Espoir* », *Revue d'Histoire littéraire de la France*, mars-avril 1981, pp. 179–89. Pour l'édition préoriginale des *Conquérants*, voir notre article déjà cité n. 2.

15. Voir la lettre adressée à Daniel Halévy (1927) appartenant à la collection Joxe-Halévy, présentée à l'Exposition Malraux de la Fondation Maeght, juill.–sept. 1973, reproduite dans le catalogue, p. 74.

16. Le 12 janvier 1931, Malraux confiait à Edmond Jaloux : « *Écrivant en ce moment un essai (une sorte de machin qui voudrait être à l'esthétique, histoire de l'art etc. ce qu'est* M. Teste *à la philosophie)* [...]. » (Fonds Doucet). Au cours de ces années, Malraux semble se désintéresser de la politique ; il faut attendre son article « Marianne S. O. S. : les procès d'Indochine », *Marianne*, 11 oct. 1933, nº 51, p. 3, pour trouver, à nouveau, une prise de position passionnée.

17. Ms, 255 ; il s'agit, dans ce collage, de réflexions sur le terroriste Tchen.

18. Lacouture (*op. cit.*, p. 146) pense que Malraux a dû débattre avec Eddy du Perron des questions abordées dans *La Condition humaine*.

19. Les pages 185 à 201 sont numérotées de 5 à 21 par Malraux et l'entretien avec Possoz (Ms, 213–8) de 7 à 14.

20. État *C* :
Première Partie : Ms, 73, 76, 79, 80, 81–7 (encre noire)
Ms 77, 78 (encre bleue)
Deuxième Partie : Ms, 108, 109, 112–4 (encre noire)
Ms, 108, 109, 111, 117, 128, 130 (encre bleue)
Quatrième Partie : Ms, 263, 269, 313, 315 (encre noire)

21. Ms *D*, encre noire : 38, 38*bis*, 59–63, 66–70, 96, 97.

22. Cet état *D* ménage fréquemment la transition entre deux collages de *B*, eux-mêmes corrigés avec l'encre employée pour *D* (ex. : Ms, 38–40, 46, 49...). *D* se conforme d'emblée à certains changements opérés par rature sur *B*, par exemple à propos de la visite d'un groupe de combattants communistes, où Katow a remplacé Kyo (Ms, 40–3).

23. Sur ce thème du « retour à la terre » et sur son importance, Malraux s'est expliqué dans les *Antimémoires* (Paris, Gallimard, 1967) : « *expérience* [...] *qui a joué dans* [*s*]*a vie un grand rôle* » (p. 98).

24. Lettre inédite (Bibliothèque Sainte-Geneviève, Fonds Doucet).

25. Tous les éléments de ce brouillon *E* dans la Cinquième Partie ont été fort maltraités : pliés, froissés, raturés, et par endroits découpés pour des collages de quelques mots.

26. Scène du préau, Sixième Partie : Ms, 393–403, paginé par l'auteur de 1 à 13 ; Septième Partie, Ms, 405–7, paginé par l'auteur de 14 à 16.

27. Lettre à Edmond Jaloux pour le remercier de son article à propos de *La Condition humaine* (en-tête de la *NRF*, 7 janvier 1934 ; Fonds Doucet).

28. *L'Homme précaire et la littérature* (Paris, Gallimard, 1977), p. 155.

29. Gaëtan PICON, *Panorama de la nouvelle littérature française* (Paris, Gallimard, « Le Point du jour », 1960), p. 31.

30. André MALRAUX, « La Question des *Conquérants* », *Variétés*, 15 oct. 1929, p. 430.

31. Gaëtan PICON, *Malraux par lui-même* (Paris, Seuil, « Écrivains de toujours », 1953), avec commentaires de Malraux en notes.

32. Clara MALRAUX, *Le Bruit de nos pas*, t. III : *Les Combats et les jeux* (Paris, Grasset, 1969), pp. 177–81.

33. La critique, à propos du nom, a pu parler d'« impératif catégorique du personnage » et Gide, dans son *Journal des faux-monnayeurs* (Paris, Gallimard, 1927) écrit : « *Les personnages demeurent inexistants aussi longtemps qu'ils ne sont pas baptisés* » (p. 14).

34. Le texte de l'originale et celui de l'édition de la Bibliothèque de la Pléiade présentent encore des variantes par rapport au manuscrit ainsi retouché.

35. Par exemple, à propos de Katow marchant vers une mort atroce :
La silhouette de sa tête $^{+}$|**au nez pointu** [*interlinéaire*]| **se perdait au plafond.**
(Ms406>Or)

36. Ce rapprochement prêtre–communiste se retrouve sous la plume d'autres romanciers à la même époque, comme Roger Martin du Gard, mais il est chargé de valeurs différentes suivant les auteurs : ambiguës chez Malraux, franchement péjoratives chez Martin du Gard (voir *Correspondance André Gide–Roger Martin du Gard*, t. I, 1913–1934 [Paris, Gallimard, 1968], pp. 94, 640-1...).

37. Voir à ce propos : Philippe CARRARD, « Malraux et l'inscription de l'art : les images plastiques dans *L'Espoir* » (*AM4*, 67).

38. *Esquisse d'une psychologie du cinéma* (Paris, Gallimard, 1946), non paginé.

39. Or, 22, 25, 48-9, 88-90... 243, 245, 246, 305, 323... Ces élisions étaient plus nombreuses dans l'originale qu'elles ne le subsisteront dans la Bibliothèque de la Pléiade. Le manuscrit faisait état d'une autre particularité de langage chez Katow (voir Ms, 19*bis*...).

40. Or, 70, 71, 73, 148 etc. Ces particularités sont absentes des passages correspondants (Ms, 75, etc.), sinon dans quelques rares scènes, comme celle du dialogue avec le pasteur Smithson, où elles apparaissent en surcharge à l'encre verte (230, 233, 247...).

41. Dans *Lazare* (Paris, Gallimard, 1974) Malraux a écrit : « *Chacun articule son passé pour un interlocuteur insaisissable. On n'a de biographie que pour les autres.* » (p. 125-6).

42. Collage (Ms, 18), ajout en marge (43), ces éléments sont encore étoffés dans l'originale où Malraux en fait un « étudiant en médecine » et apporte des détails complémentaires concernant son passé, sa diction, son langage (Or, 22, 248).

43. Ajout interlinéaire (Ms, 59).

44. Cf. : « *Kyo avait vécu au Japon de sa huitième à sa dix-septième année* » (Or, 78). Cela est absent du manuscrit où on trouve une notation très floue concernant une recherche sans issue menée par le jeune homme.

45. Addition en surcharge (Ms, 250).

46. Plusieurs collages de *C*, sur une séquence continue appartenant à *B*, y évoquent son passé européen, son rôle en Indochine et ses activités antérieures

au soulèvement (Ms, 109, 112, 113, 114). Des informations concernant les activités passées de Ferral, ses liens avec les gouvernants de son pays sont laissées en blanc dans le manuscrit et complétées dans l'originale (Ms, 113/Or, 102).

47. Dans *La Voie royale*, Claude regardant son compagnon Perken découvre que « *l'état civil, que les faits, sont aussi impuissants contre la puissance de certains hommes que contre le charme d'une femme. Il était si réel, là debout que les actes de sa vie passée se séparaient de lui comme des rêves* » (p. 28 de l'édition en Livre de Poche).

48. Propos de Malraux au cours du débat sur *Les Conquérants* tenu à L'Union pour la Vérité, le 8 juin 1929.

49. Deuxième Partie : l'ouverture, R, 235-43, 257-68 – Quatrième Partie : R, 335-52 – Septième Partie : l'ouverture, R, 415-26.

50. *En lisant, en écrivant* (Paris, Corti, 1981).

51. *Malraux, une vie dans le siècle* (*op. cit.*), p. 147. Ce séjour à Shanghai a été si bref et si négligeable que Malraux a pu écrire à l'écrivain japonais Akira Muraki qu'il n'avait jamais visité cette ville avant d'avoir rédigé *La Condition humaine* !

52. Voir Jean CARDUNER, *La Création romanesque chez Malraux* (Paris, Nizet, 1968), pp. 178-88 ; Geoffrey T. HARRIS, *André Malraux, l'éthique comme fonction de l'esthétique* (Paris, Lettres Modernes, « Situation » 27, 1972), pp. 84-6 ; Brian T. FITCH, *Les Deux univers romanesques d'André Malraux* (Paris, Lettres Modernes, « Archives des lettres modernes » 52, 1964)...

53. Ainsi, dans la version préoriginale, c'était le ciel que Tchen découvrait d'abord en s'avançant sur le balcon de la chambre du crime, et non la ville de Shanghai (*NRF*, 101/Or, 14).

54. Lettre à Edmond Jaloux datée « *4 déc.* » [1928] qui répond à l'article de celui-ci paru dans *Les Nouvelles littéraires* (24 nov. 1928) sur *Les Conquérants* (Fonds Doucet).

55. À l'époque de la guerre d'Espagne, Malraux, comme son héros Manuel, se passionnera pour Clausewitz et pour ses ouvrages ; il le cite dans *L'Espoir* (R, 577, 619).

56. Ces modifications entraînent évidemment une série de retouches secondaires dans la suite du récit, à propos de cette entrevue.

57. Dans le manuscrit, en tête de séquence on trouvait cette indication : « *4 heures* » (Ms, 143) corrigée en « *5 heures* » (Or, 126).

58. « *Les Traqués* par Michel Matveev », *NRF*, n° 249, juin 1934, pp. 1014-6.

59. Ordre des séquences :

1) dans Ms : I – entretien entre Kyo et Gisors, méditation de Gisors, tête-à-tête entre May et Kyo, arrivée d'un militant, départ de Kyo et réflexions intérieures. II – Visite de Tchen chez Gisors, méditation de celui-ci, réflexions de Kyo sur le combat, visite de Clappique puis de Katow, prise des armes sur le *Shan-Tung*.

2) dans Or : entretien entre Kyo et Gisors, réflexions de Kyo sur l'insurrection, scène avec May, visite de Clappique, puis de Katow, départ

de Kyo en compagnie de Katow, visite de Tchen chez Gisors, méditation de Gisors, saisie des armes.

60. L'écrivain se sert de cette même encre de rédaction de *D* pour opérer les corrections et raccordements de celui-ci avec *B* (par exemple, 349).

61. Or, 381>Ms : « *N'écoutez, pensait-il, que votre courage, qui ne vous dit jamais rien* [...] » ; Or, 382-3>Ms : « *Que les garanties du Consortium fussent insuffisantes, c'était bien évident* [...] » ; Or, 384>Ms : « *Mon ami, pensa Ferral, ton Établissement* [...] » ; Or, 387-8 : « *De plus en plus chinois, pensait Ferral...* » ; Or, 388-9 : « *Ce personnage, pensait Ferral, est vraiment inouï* [...] ».

62. *Qu'est-ce que la littérature?* (Paris, Gallimard, « Idées », 1948), chap. : « Situation de l'écrivain en 1947 », p. 370, nº 9.

63. Gide écrit à Roger Martin du Gard, le 27 septembre 1932 : « *Je lis avec un très grand intérêt* Mon Journal de Sibérie (1915–1918) [...] *par Edwin Erich Dwinger, engagé volontaire à dix-sept ans,* [...] *ouvrage qui n'a rien de littéraire, très chaudement recommandé par Malraux, qu'on sent profondément authentique et qui dépasse en horreur et en... véracité tout ce que j'ai lu jusqu'à présent.* » (*Correspondance André Gide–Roger Martin du Gard* [éd. citée], t. I, p. 538).

64. *Imagery in the Novels of André Malraux* (London and Toronto, Associated University Presses, 1980), pp. 8–10.

65. Jean GIRAUDOUX, *Littérature* ([Paris, Grasset, 1941] Paris, Gallimard, « Idées », 1967), pp. 176-7.

66. Claude-Edmonde MAGNY, *Histoire du roman français depuis 1918* (Paris, Seuil, 1950), pp. 33–40, 54, 61, 66.

67. Autre rappel de la situation en un long paragraphe, plus loin en tête de séquence : « *Onze heures* [...] *il fallait attendre* » (Or, 136).

68. On trouve plus loin d'autres apports du même ordre : activités de Kyo contre Chang-Kaï-Shek après son retour de Han-Kéou (Or, 232), dernière analyse de la position de ce général face aux communistes (299)...

69. La dernière phrase figure déjà dans le manuscrit mais sous une forme atténuée. On trouve encore dans l'originale d'autres apports du même ordre, moins étendus, concernant la Révolution russe, le partage des terres, les dangers de l'opportunisme et de l'« *obsession des fatalités économiques* » (Or, 171-2), la formation des Unions de soldats (181).

70. La réaction de la presse au moment de la sortie des *Conquérants* et de *La Condition humaine* montre combien les lecteurs français étaient peu habitués à ces dépaysements linguistiques. Malraux laisse toutefois subsister quelques noms de généraux (Feng-Yu-Shiang...).

71. *Correspondance André Gide–Roger Martin du Gard* (éd. citée), p. 369, lettre du 14 juin 1929, qui porte un jugement commun sur Malraux et Berl.

72. Telle est la date donnée dans *Commune* en janvier 1934. L'A. É. A. R. existait depuis plus d'un an lorsqu'elle fut déclarée à la Préfecture de Police, le 24 mars 1933. Malraux ne figure pas parmi les membres fondateurs.

73. Ce texte contredit de manière indiscutable la date de décembre 1932 avancée par Jean Lacouture pour l'adhésion de Malraux à l'A. É. A. R. (*op. cit.*,

p. 165) et le texte de Clara qui fait de Malraux l'un des fondateurs de l'association (*Voici que vient l'été* [Paris, Grasset, 1973], p. 196).

74. Voir *Mémoires d'Ehrenbourg* (Cleveland, World Publishers, 1960), p. 241, qui cite le texte de l'intervention de Malraux, et *Les Cahiers de la Petite Dame* (éd. citée), II, p. 293.

75. Pour la réception critique de l'ensemble de l'œuvre, voir J. JURT, « La Réception critique de l'œuvre romanesque de Malraux » (*AM4*, 133–50).

76. TROTSKY, « La Révolution étranglée », *La Nouvelle Revue française*, avril 1931, pp. 488–500 ; MALRAUX, « Réponse à Trotsky », *ibid.*, pp. 501–7.

77. L'auteur fait de ces sociétés secrètes une des caractéristiques de la vie chinoise, dans *Les Conquérants*, et revient sur les rapports de celles-ci avec le Parti communiste dans sa réponse à Trotsky.

78. Or, 393, 395, 398, 400 ; un ajout légèrement différent (397) souligne l'interdépendance du destin des hommes, ce qui rend inacceptable le retrait dans une « tour d'ivoire ». L'impact de cette remarque, d'après l'évolution de l'auteur observée dans ce texte, est évidente.

79. Ces éléments nouveaux nous semblent contredire fortement l'interprétation pessimiste qu'on a pu donner de cette fin du roman. Voir en particulier HARRIS, *op. cit.*, p. 20.

80. *André Malraux : une vision de la personne à travers les personnages des romans* (thèse dactyl.), Paris-Sorbonne, 1979, chap. XIV : « Peuple ou prolétariat ».

81. Malraux fait tenir à Ling, dans *La Tentation de l'Occident*, des considérations qui reflètent ses propres opinions : « *Les jeunes Chinois qui lisent vos livres sont d'abord étonnés par la prétention que vous y faites paraître de comprendre les sentiments des femmes... vouée à l'insuccès. L'homme et la femme appartiennent à des espèces différentes. Que pensez-vous de l'auteur qui viendrait vous exposer les sentiments d'un oiseau ?* » (*Tous les romans* [Paris, Gallimard, 1951], p. 27).

82. Voir les reproches de Trotsky aux compagnons de route dans *Literature and Revolution* (Ann Arbor, University of Michigan Press, 1960), pp. 57-8.

83. Voir la place qu'ils occupent dans le scénario de *Sierra de Teruel* (1938), par rapport à *L'Espoir* (où leur importance est déjà plus grande dans la dernière Partie intitulée : « Les Paysans »), et dans *Les Noyers de l'Altenburg*.

84. On trouve quelques bribes de ce développement, sous une formulation légèrement différente plus haut (Ms, 255).

85. On trouve plusieurs ajouts dans l'originale autour de cette question (106, 118, 119-20, 122, 151...).

86. Voir la lettre à Charles Du Bos déjà citée (*supra*, p. 69, n. 24).

87. *L'Autobiographie en France* (Paris, Colin, 1971), p. 90.

88. Au cours du débat sur l'art entre Kama, Clappique et Gisors, on trouve également plus d'échos entre le manuscrit et *La Tentation de l'Occident*, dans le parallèle fait entre l'art européen et l'art asiatique.

89. Voir Susan McLean McGRATH, « Baron Clappique-Toto », *Mélanges Malraux Miscellany*, Vol. XI, no. 2, Autumn 1979, pp. 28–39.

---

exemplaire conforme au Dépôt légal de décembre 1983
bonne fin de production en France
Minard 73 rue du Cardinal-Lemoine 75005 Paris